8,80

M. Horie

Achtung: Fehlschaltung!

Sind seelische Störungen vermeidbar?

R. BROCKHAUS VERLAG WUPPERTAL

Bücher, die dieses Zeichen tragen, wollen die Botschaft von Jesus Christus in unserer Zeit glaubhaft bezeugen.

Das ABCteam-Programm umfaßt:
– ABCteam-Taschenbücher
– ABCteam-Paperbacks mit den Sonderreihen: Glauben und Denken (G + D) und Werkbücher (W)
– ABCteam-Jugendbücher (J)
– ABCteam-Geschenkbände

ABCteam-Bücher erscheinen in folgenden Verlagen:
Aussaat Verlag Wuppertal / R. Brockhaus Verlag Wuppertal
Brunnen Verlag Gießen / Bundes Verlag Witten
Christliches Verlagshaus Stuttgart / Oncken Verlag Wuppertal
Schriftenmissions-Verlag Gladbeck

ABCteam-Bücher kann jede Buchhandlung besorgen.

2. Auflage 1978

© 1977 R. Brockhaus Verlag Wuppertal
Umschlaggestaltung: Ralf Rudolph, Ratingen
Textillustrationen: Harald Wever, Wuppertal
Gesamtherstellung: Breklumer Druckerei Manfred Siegel

ISBN 3-417-12133-7

VORWORT

Als in Essen das Jugend-Christival stattfand, war es auffallend, welch regen Zulauf das Seminar über psychische Störungen aufwies. Es war ein Zeichen dafür, wie groß die Verunsicherung und Not gerade auch unter jungen Christen ist. In zahlreichen Gesprächen wurde es immer wieder deutlich, daß hier nach einer Neu-Orientierung gefragt wurde, einer neuen Zielsetzung.

Ich wurde nun wiederholt gedrängt, jene Vorträge für einen größeren Kreis von Menschen drucken zu lassen; doch ich habe lange gezögert, da mir bewußt ist, wie bruchstückhaft und ungenügend mein Beitrag ist. Bei diesen Vorträgen wurde absichtlich auf Beispiele aus der teils sehr guten Literatur verzichtet; auch sollte hier keine lückenlose Darstellung psychischer Störfelder gegeben werden; vielmehr ist dies nur ein kleiner Ausschnitt der breiten Palette.

Ebenso wenig sollte über Grenzen und Möglichkeiten der Psychiatrie diskutiert und den verschiedenen Schulen das Wort gegeben werden. Es wurden lediglich eigene Beobachtungen weitergegeben, die mich nachdenklich gestimmt hatten.

In meiner Praxis begegne ich täglich Menschen, die durch eine Fehlschaltung einen Kurs ansteuern, der ihr Leben innerlich – und oft auch äußerlich - langsam zerstört. Und ich sehe dahinter immer wieder das gleiche Prinzip.

So wage ich es nun, diese oben genannten Vorträge in überarbeiteter und etwas erweiterter Form herauszugeben. Personen und Hintergründe der hier angeführten Beispiele wurden verständlicherweise so verändert, daß keiner der Betroffenen identifiziert werden kann. Wenn nun der Leser anhand dieser Aufzeichnungen sein eigenes Fehlverhalten erkennt und »umschaltet«, so sind diese Blätter nicht vergebens hinausgegangen.

INHALT

Der Mensch und seine Bedienungsanweisung

Wir Menschen sind sehr verschieden; geprägt von Veranlagung und Umwelt. Wir unterscheiden uns durch Aussehen, Temperament und Begabung. Auch empfindet der eine anders als ein anderer und verarbeitet Erlebtes auf eine sehr individuelle Weise. Wir haben unterschiedliche soziale Funktionen und andere Lebensvorstellungen. Um das Zusammenleben derart unterschiedlicher Menschen zu ermöglichen, sind uns gewisse Spielregeln durch die Zehn Gebote gegeben. Die ersten vier Gebote betreffen den Umgang mit Gott; die sechs weiteren behandeln die Beziehung zum Nächsten.

Jesus Christus hat all diese Gebote in dem Gebot der Liebe zusammengefaßt, so daß jede Übertretung zugleich ein Verstoß gegen die Liebe ist. Mit anderen Worten: Wo Liebe in der zwischenmenschlichen Beziehung herrscht, funktioniert das Miteinander. Wo aber gegen diese Liebe verstoßen wird, kommt es zu einer Störung.

Es ist uns also eine Gebrauchsanweisung mitgegeben, die beachtet werden muß. Geschieht dies nicht, so gerät etwas in dem so empfindlichen Mechanismus der menschlichen Psyche durcheinander. Ein rotes Warnlicht leuchtet auf, und schließlich wird der ganze Mensch funktionsunfähig. Aufwendige »Reparaturen« werden erforderlich, die unter Umständen Jahre in Anspruch nehmen. Und wer vor diesem Einsatz zurückschreckt, wird innerhalb der menschlichen Gesellschaft als Versager gebrandmarkt. Eine Schwierigkeit zieht die andere nach sich. Und diese Störung bleibt nicht nur auf den einen bestimmten Menschen beschränkt, sondern weitet sich aus und zwingt schließlich auch andere Menschen in das Störfeld hinein.

Obschon der Mensch nicht mit einer Maschine vergleichbar ist, auch nicht mit dem höchst entwickelten Computersystem, so gibt es doch im menschlichen Verhalten – genau wie überall in der Natur – eine bestimmte Gesetzmäßigkeit: Unser Fehlverhalten führt unweigerlich zu Konsequenzen, denen wir nicht entfliehen können.

Ich werde oft gefragt: »Warum versage ich überall und warum gibt es in meinem Leben so viele Fehlschläge?« Dabei stelle ich dann jedesmal fest, daß es irgendwo in diesem Leben zu einer »Fehlschaltung« gekommen ist, und daß sich im Laufe der Zeit diese Einstellung wiederholt und gefestigt hat.

Nun kommen Menschen mit den unterschiedlichsten Störungen in die Praxis. Und oft kommen sie in der Erwartung, daß der Arzt ihr Leben verändert und die Störungen beseitigt, sei es durch wirksame Medikamente oder durch psychotherapeutische »Kunstgriffe«. Aber ohne die Bereitschaft des anderen zur Mitarbeit kann es zu keiner Änderung kommen.

Doch sehen wir uns den fehlgeschalteten Menschen etwas genauer an. Es gibt eine große Vielfalt von Störungen.

Da ist zunächst: Die Depression.

I. Kapitel

Die Depression

1. Depression als allgemeine Störung

Was ist eine Depression?

Die Depression kann als eine der auffälligsten Störungen bezeichnet werden und ist zudem sehr verbreitet. Alle Schichten der Bevölkerung können von ihr betroffen werden, ob gebildet oder nicht, ob jung oder alt.

Wenn ich hier von Depressionen spreche, so verstehe ich Depression nicht als eigenständige Krankheit, vielmehr als Symptom. Dieses Symptom kann in allen Schweregraden auftreten. Da ist *die leichte depressive Verstimmung* und jene *Entmutigung,* mit der wir auf gewisse unangenehme Ereignisse reagieren, oder die Erschöpfung, die sich da zeigt, wo der Mensch nicht mehr fähig ist, sich der Streßsituation anzupassen und das zu leisten, was von ihm gefordert wird. Er hat keine Kraft mehr, auch nur die geringsten Aufgaben zu erledigen. Schon die kleinste Anforderung türmt sich wie ein unbezwingbarer Berg drohend vor ihm auf.

Und dann ist da die *schwere Form der Depression,* die wie eine dunkle Macht den Menschen völlig in ihren Bann zwingt. Sie zerstört ihn gleichsam in seiner Substanz. Der Mensch ist seiner Depression als Gefangener ausgeliefert und wird völlig von ihr beherrscht.

Wie äußert sich eine Depression?

Wer mit depressiven Menschen spricht, stößt immer wieder auf die Klage: »Ich kann mich nicht mehr freuen. In mir ist alles leer und stumpf.« Jedes Angebot der Freude weist er zurück. Positive Gedanken finden keinen Raum in ihm. Für alles Schöne um ihn herum ist er empfindungslos geworden; ja, er nimmt es oft nicht einmal wahr. Dagegen werden negative Gefühle wie Angst und Schuld überdimensional stark empfunden.

Der Depressive fühlt sich minderwertig, vom Schicksal benachteiligt, zum Leben auf der Schattenseite verurteilt, zum Leiden bestimmt. Nicht selten ist diese Haltung religiös gefärbt: »Gott hat mich verworfen!« Oder der Betreffende kommt von seiner Selbstanklage einfach nicht los: »Ich habe alles falsch gemacht. Ich bin auf der ganzen Linie ein Versager« usw.

Ein anderer beobachtet sich ängstlich und registriert besorgt seinen Herzschlag. Er klagt über Kopf-, Magen- oder Darmbeschwerden. Ja, alle nur denkbaren somatischen Sensationen* kommen zum Ausdruck, ohne daß ein organischer Befund erhoben werden kann.

Dieses Phänomen ist heute weitgehend bekannt. Im Volksmund haben wir bezeichnenderweise dafür sehr treffende Ausdrücke: Wir »zerbrechen« uns über eine Sache »den Kopf«, oder ein ungelöstes Problem »bereitet uns Kopfschmerzen«. Auch kann uns ein Mensch »auf dem Herzen liegen« oder ein Problem die »Kehle zuschnüren«. Wieder andere Schwierigkeiten sind uns »auf den Magen geschlagen« oder »bringen unser Blut in Wallung« und »lassen die Galle überlaufen«, wir »kochen vor Wut« und es »rumort in den Gedärmen«, schließlich sind wir »wie gelähmt vor Schreck«. Ja, es gibt tatsächlich kein Organ und kein Glied unseres Körpers, das nicht in eine seelische Auseinandersetzung hineingezogen werden könnte.

Aus irgendeinem Grund versucht der Betreffende das eigentliche Problem zu verstecken. Er will es nicht wahrhaben, aber er kann es auch nicht aus der Welt schaffen. So wählt er – unbewußt – ein Organ, das dieses Problem am ehesten auszudrücken vermag. Mit dieser Störung appelliert er an seine Umwelt.

Wieder ein anderer ist von der Angst gefangen, ihm oder einem nahestehenden Menschen würde ein Unglück zustoßen. Diese Erwartung kann solch eine Gewalt über ihn ausüben, daß er kaum etwas anderes denken kann. In ohnmächtiger Resignation gibt er sich seinen negativen Gedanken hin.

Ein anderer schreit laut, gibt sich unruhig und irrt wie getrieben von einem zum andern, um Hilfe zu bekommen. Er ist völlig ratlos, »außer-sich«.

In dieser tiefen Depression zeigt sich der Mensch wortkarg und unzugänglich; er meidet jede Art der zwischenmenschlichen Beziehung. Am liebsten verbringt er den ganzen Tag im Bett. Und wenn er sich endlich aufgerafft hat, das Bett zu verlassen, bleibt er fast regungslos sitzen und ist zu keinerlei Aktivität zu verleiten. Oft weint er fassungslos, ohne einen Grund angeben zu können. Oder er ist so erstarrt, daß er zu keiner Gemütsbewegung mehr fähig ist, als sei alles Leben in ihm erstorben.

---

* Körperliche Beschwerden

Wir sehen, die Bilder einer Depression sind sehr vielschichtig. Aber gemeinsam ist ihnen allen eine düstere Befangenheit und lastende Schwere.

Wodurch entsteht eine Depression und was können wir dagegen tun?

Eine Depression kann als Reaktion auf ein tiefgreifendes Erlebnis entstehen; wenn beispielsweise jemand einen schweren menschlichen Verlust erlitten hat, sei es durch den Tod des Ehepartners, des Kindes, der Eltern oder seines Freundes. Oder: jemand hat das verloren, was ihm Lebensinhalt bedeutete. Da ist eine älter werdende Mutter, deren jüngstes Kind aus dem Haus gegangen ist. Plötzlich spürt diese Mutter eine Leere. Sie weiß nicht, wie sie ihr Leben neu gestalten kann und wozu sie jetzt noch da ist. Als Reaktion auf diese Umstellung wird sie depressiv.

Eine ähnliche Situation finden wir, wenn der Mann seinen Arbeitsplatz verliert und keine Aufgabe mehr hat. Er mußte erleben, wie Jüngere nachrückten und ihn schließlich verdrängten. Das, was ihm bis dahin Lebensinhalt bedeutete, ist ihm genommen. Er hat weder Kraft noch Möglichkeiten, mit den Jüngeren zu konkurrieren. So zieht er sich zurück und wird depressiv.

Hin und wieder begegnen wir bei Frauen in den Wechseljahren einer sogenannten Klimakterischen Depression, die einmal durch psychische Faktoren, dann aber auch durch die hormonelle Umstellung hervorgerufen werden kann. Bei einem anderen ist vielleicht eine langjährige Freundschaft auseinander gegangen oder seine Ehe zerbrochen. Ebenso können körperliche Gebrechen, die etwa durch eine schwere Krankheit oder durch einen Unfall hervorgerufen wurden, zu einer Depression führen; sei es infolge einer Amputation, Erblindung oder Lähmung.

Auch Kränkung des Ehrgefühls kann einen Menschen so vernichtend treffen, daß er diesen Schlag und diese Enttäuschung nicht auf normale Weise verarbeiten kann. Sein Leben ist durch dieses Ereignis in eine Sackgasse geraten, aus der er keinen Ausweg mehr sieht.

Ebenso kann finanzieller Verlust die Ursache sein. Das Geschäft brachte nicht den erwünschten Erfolg, es kam zum Konkurs und der vielleicht lebenslange Einsatz war umsonst.

Was auch immer der Grund sein mag: dieser Mensch hat durch irgendein Erlebnis seine Orientierung verloren. Das, was ihm seines Einsatzes wert erschien, ist plötzlich nicht mehr da. Seine Gedanken kreisen nun ständig um diesen Verlust. Und immer wieder überlegt er, wie es wäre, wenn. . . Und dabei spart er nicht mit Selbstvorwürfen.

Wenn eine Depression auf ein Verlusterlebnis zurückzuführen ist, wird sie im allgemeinen im Laufe der Zeit wieder abklingen. Bis dahin ist menschliche Nähe angezeigt und Beweise echter Freundschaft, so daß der Betreffende neue Beziehungen knüpfen kann. Wichtig wäre, daß er möglichst bald einer neuen Aufgabe zugeführt wird, für die er sich einsetzen kann.

Eine andere Ursache für eine Depression wäre eine okkulte Belastung. Der Betreffende ist durch irgendeine Sünde in den Bann satanischer Mächte geraten, sei es durch aktive oder passive Teilnahme an einem spiritistischen Zirkel oder irgendwelchen Geheimbünden, sei es durch Praktiken der Weißen oder Schwarzen Magie usw. Hier kann nur durch Bekenntnis, Absage und Freispruch eine Befreiung erfolgen.

Auch persönliche Schuld kann eine Depression hervorrufen, sei es Ehebruch, Unterschlagung u.a. Der Betreffende grübelt ständig über seine Schuld nach und kann sich seinen Fehltritt nicht vergeben. Er glaubt, durch Depression seine Schuld sühnen zu müssen. Hier kann eine Befreiung nur durch ein ehrliches Bekenntnis und die Zusage der Vergebung auf Grund des Opfertodes Jesu geschehen.

Es gibt aber auch eine Depression, bei der kein konkreter Anlaß erkennbar ist. Dennoch ist dieser Mensch beherrscht von vernichtenden Angstgefühlen und innerer Unruhe. Er steht wie vor einer Mauer und kann weder vor noch zurück. Man gewinnt den Eindruck, seine Lebenssubstanz sei verloren gegangen. Der körperliche Allgemeinzustand ist schlecht. Der Kranke sieht meistens blaß aus, er klagt über mangelnden Appetit und Schlaflosigkeit. Auf Grund seiner starken Antriebshemmung ist alles verlangsamt, als würde der gesamte Stoffwechsel zu einem allmählichen Stillstand kommen. Dieser Zustand ist zumeist morgens ausgeprägter als gegen Abend. Ein solcher Zustand tritt phasenhaft auf und kann sich u. U. auf einmal bessern. Nicht selten schlägt er dann um ins Gegenteil, d. h. der Kranke wird überaktiv und übersprudelnd vor Energie und Lebensdrang, als wolle er lang Versäumtes nachholen. Aber dabei hat er den Bezug zur Realität verloren. Er überschätzt sich und lebt in einer Scheinwelt, in der ihm alles zu Füßen liegt – bis er plötzlich wieder kraftlos in sich zusammenfällt.

Viele Wissenschaftler vermuten, daß diese Depression organisch bedingt ist, d. h. auf einer Störung der biologischen Vorgänge beruht. Es kann aber auch eine erbliche Belastung vorliegen; denn gar nicht selten lassen sich bei anderen Familienangehörigen ähnliche depressive Züge feststellen.

Diese Depression muß in erster Linie medikamentös behandelt werden. Damit erzielt man heutzutage teilweise gute Erfolge.

In meiner Sprechstunde aber habe ich vorwiegend mit einer anderen Gruppe depressiver Menschen zu tun, die ich hier näher beschreiben möchte.

2. Depression als Fehlschaltung

Kampffeld Familie

Renate ist 17 Jahre alt. Schülerin. Schon lange fällt sie durch ihr merkwürdiges Verhalten auf. Sie wirkt traurig und gehemmt, ist scheu und sehr schweigsam. Sie steht verlegen herum, bleibt reserviert, auch wenn Mitschülerinnen Kontakt zu ihr suchen; ihre Leistungen lassen immer mehr nach; sie kann sich in der Schule nicht mehr konzentrieren und wirkt ständig abwesend.

Sie wurde von Gleichaltrigen in eine Jugendgruppe mitgenommen; aber auch hier blieb sie isoliert und war bald ein Hemmnis für die ganze Gruppe, weil sie durch ihr schweigendes Dasein den Ablauf störte.

Renate ist das jüngste Kind von drei Geschwistern. Die Eltern sind beide berufstätig. Sie harmonieren nicht miteinander. Es kommt häufig zu heftigen Wortgefechten. Seit einiger Zeit sucht der Vater Zuflucht beim Alkohol. Seither ist die häusliche Situation noch gespannter geworden. Die Auseinandersetzungen werden immer häufiger und immer schwerer zu ertragen. Während Renates Geschwister das elterliche Verhalten offen verurteilen und sich bemühen, selbständig zu werden, lebt Renate im Zwiespalt. Sie möchte ihre Eltern miteinander versöhnen; aber wenn sie zur Mutter hält, hat sie ihren Vater zum Feind – und umgekehrt. Renate will keinen von ihnen verlieren, keinen zurückstoßen und weder den einen noch den andern enttäuschen.

Die älteren Geschwister versuchen ihr zu helfen und ermutigen sie: » Mach dir nichts daraus!« Aber Renate ist zu stark mit ihren Eltern verwachsen. Sie kann sich nicht so ohne weiteres aus dem Kampffeld zurückziehen. Sie hatte einige Male versucht, den Eltern gegenüber ihre Gefühle zu äußern, aber sie wurde dafür nur bestraft. Seitdem hat sie keinen Mut mehr – und schweigt. Durch ihr Schweigen jedoch fühlen sich die Eltern provoziert und reagieren empört. So fühlt sich Renate wieder bestraft. Allmählich beginnt sie, ihre Eltern zu hassen. Dadurch aber entsteht in ihr ein starkes Schuldgefühl. Sie ist ratlos. Wie soll sie sich verhalten? Als Ausweg wählt sie die Depression.

Laß mich in Ruhe!

Wir alle kennen vermutlich Menschen in unserer Umgebung, die fast chronisch depressiv sind. Sie leben zurückgezogen, und es ist sehr schwer, mit ihnen Kontakt aufzunehmen. Sie sind durch nichts zu gewinnen, haben an allem etwas auszusetzen, es geht ihnen nie gut. Niemand hat sie je von Herzen lachen sehen. Sie sind stets mit einem undurchdringlichen Schleier umhüllt. Selbst ihr Äußeres hat zumeist eine düstere, deprimierende Ausstrahlung. Außerdem sind sie sehr empfindlich und verbreiten eine unbeschreibliche Spannung.

Im allgemeinen fühlen wir uns in ihrer Gegenwart unsicher und hilflos, u. U. sogar angegriffen und bestraft. Jeder Versuch, sie zu gewinnen, scheitert. So ziehen wir uns schließlich zurück: denn wer will gerne etwas mit ihnen zu tun haben!

Es ist, als hätten diese Menschen eine Blockade gegen ihre natürliche Lebensentfaltung angelegt. Sie sagen zwar: »Ich wünschte, es ginge mir gut!« aber zugleich merkt man, daß in ihrer Einstellung das Prinzip herrscht: Es darf mir nicht gut gehen!

Sie ziehen sich von jedem Angebot zurück und saugen gleichsam mit geheimnisvoller Kraft alles Negative an. Manchmal gewinnt man den Eindruck, als seien sie nur dazu bestimmt, Schicksalsschläge zu erleiden. Sie leben in der Einstellung: »Alles, was gut ist, gehört nicht zu meinem Leben!« Vielleicht ist es ihnen nicht bewußt, aber im Grunde haben sie sich für dieses Lebensprinzip entschieden.

Solch eine negative Entscheidung ist gar nicht selten mit einem frommen Mantel verdeckt, und sie sehen sich in der Rolle eines Hiob, der aus der Hand Gottes Schlag um Schlag entgegen nimmt. So machen sie sich selbst zum Märtyrer und finden darin ihre Selbstbestätigung.

Diese Menschen lehnen im Grunde das Leben ab. Um der belastenden Realität zu entfliehen, haben sie einen Mechanismus entwickelt, der sie von jeder Eigenverantwortung befreien soll.

Obwohl sie ihren Zustand als sehr beklagenswert empfinden, verspricht ihnen dieser ihr Leidensweg doch eine gewisse Genugtuung.

Wie kommt es zu dieser Fehlschaltung?

Bei der Entstehung einer solchen Depression gibt es nach meiner Beobachtung verschiedene Stufen, die von dem Betroffenen durchlaufen werden.

Anhand einer kleinen Illustration soll diese Entwicklung verdeutlicht werden.

Bild 1: Haltung der Mutter: Ich will dich nicht

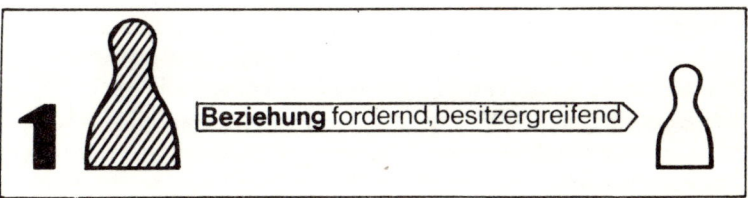

Wir sehen hier zwei Figuren, eine starke große und eine kleine schwache. Die kleine Figur stellt ein Kind dar, das völlig von seiner Erziehungsperson abhängig ist. Im allgemeinen handelt es sich dabei um eine Mutter-Kindbeziehung. Es kann aber auch genauso der Vater sein oder irgendeine andere Person. Entscheidend ist, daß dieser Mensch einen großen Einfluß auf das Kind ausübt und das Kind dieser Person völlig ausgeliefert ist.

Doch bleiben wir zunächst bei dem Bild der Mutter. Das Kind empfängt von seiner Mutter alles, was es zunächst rein äußerlich an Nahrung und Zuwendung braucht. Aber diese Beziehung ist nicht in Ordnung. Sie ist gestört.

Worin besteht nun diese Störung?

Es kann sein, daß dieses Kind nicht erwünscht war und von daher im tiefsten abgelehnt wird. Vielleicht ist es auch in den Augen der Mutter nicht repräsentativ genug und schneidet im Vergleich mit an-

17

dern Kindern nicht so günstig ab. Vielleicht auch hatte sie sich sehnlichst einen Jungen gewünscht und sieht sich jetzt in ihrer Hoffnung getäuscht. Oder sie hatte gehofft, durch dieses Kind ihr eigenes Prestige aufwerten zu können. Jetzt aber muß sie sehen, daß dieser ihr Wunsch nicht in Erfüllung geht. So reagiert sie verbittert. Eine andere Möglichkeit wäre, daß die Mutter im tiefsten ihren Ehepartner ablehnt; und je mehr sie Züge ihres Partners in ihrem Kind entdeckt, desto stärker wird die Ablehnung.

Oder – was auch häufig der Fall ist – das Kind ist aus einer anderen Verbindung hervorgegangen, sei es, daß es der Vater mit in die Ehe gebracht hat, oder daß es die Mutter an ihre eigene Vergangenheit erinnert, die sie nicht wahrhaben möchte.

Nicht wenige Mütter lehnen innerlich ihr Kind ab, weil sie sich durch seine Gegenwart gefordert fühlen, in ihrer Bewegungsfreiheit sehen sie sich eingeschränkt, in ihrer Selbstentfaltung gehemmt und in ihrer Selbstverwirklichung gestört.

Je mehr eine Mutter die Emanzipation anstrebt, desto stärker wird das Kind als Last empfunden, deren man sich am liebsten entledigen möchte. Die Mutter reagiert verärgert, wenn sie die schmutzigen Windeln ihres Säuglings reinigen soll und für die alltägliche Pflege ihre eigenen Interessen zurückstellen muß. Dieses Opfer erscheint ihr nicht lohnenswert genug. Sie glaubt sich zu etwas Höherem berufen, was ihr mehr Ansehen verheißt. Mutter zu sein ist für sie nicht genug. Sie fühlt sich dadurch degradiert.

So wird das Kind bestraft, weil es da ist. Es wird für das Zukurzkommen der Mutter verantwortlich gemacht: »Durch dich kann ich nicht das sein, was ich sein könnte! Weil du da bist, bin ich ein Nichts. Du hast mir mein Leben verbaut.«

Dieser Vorwurf kann so stark verdrängt sein, daß er der Mutter selbst nicht einmal bewußt wird.

Auch braucht diese negative Einstellung zum Kind nicht verbal zum Ausdruck zu kommen; aber in der unwilligen Erledigung der mütterlichen Pflichten wird solch eine ablehnende Haltung spürbar, in der Art, wie die Mutter das Kind aufnimmt oder wieder weglegt.

Solch eine innere Verneinung zieht unweigerlich kaum wieder gutzumachende Folgen nach sich.

Oder: Du gehörst mir!

Die Beziehung zwischen der Pflegeperson und dem Kind kann aber auch noch auf eine andere Weise gestört sein, nicht nur durch Ablehnung, sondern auch durch übermäßige Zuwendung.

Das Kind war vielleicht lang ersehnt. Vielleicht ist es das einzige geblieben und empfängt nun die ganze Zuwendung der Mutter, die ihre große Hoffnung auf dieses kleine Wesen konzentriert. Das Kind wird gehütet und umsorgt. Jede Schwierigkeit wird ihm aus dem Weg geräumt, jeder Wunsch sofort erfüllt; ja, schon bevor ein Wunsch geäußert wird, ist das Kind eingedeckt mit Angeboten, daß es beinahe erdrückt wird. Dahinter mag der Wunsch der Mutter stehen: Mein Kind soll es einmal besser haben, als ich es gehabt habe.

Die Mutter hat vielleicht in ihrem Leben auf vieles verzichten müssen, und das, was sie sich erträumt hatte, war nie in Erfüllung gegangen. Aber jetzt ist da ein Kind – und dieses Kind gehört ihr. Ihr ganz allein! So wird das Kind zu ihrem Lebensinhalt und persönlichen Besitz. Und darüber hinaus sieht die Mutter in ihrem Kind einen Verbündeten gegen die ihr scheinbar so feindlich gesinnte Welt.

Nun kann hinter dieser übertriebenen Fürsorge durchaus noch die Mahnung stehen: Weil ich mich so für dich aufopfere, mußt du mir dein Leben lang zu Dank verpflichtet sein. Aus der schützenden, bergenden und liebenden Mutter wird eine drückende, bedrohende, auffressende Macht. Die starke Figur übt eine ausgesprochen fordernde Beziehung aus, die von dem Schwachen Besitz ergreift.

Diese Liebe hat nichts Befreiendes, Helfendes, sondern etwas Zwingendes, Beängstigendes, Atemraubendes. Sie gibt nur, um zu empfangen. Gegen diese egoistische Form einer sogenannten Liebe setzt sich das Kind instinktiv zur Wehr. Es sieht sich gezwungen, eine Rolle zu übernehmen; aber es wird nicht angenommen, wie es ist.

So kommen wir zur zweiten Stufe, auf der eine erste Auseinandersetzung stattfindet.

Bild 2: Enttäuschung des Kindes: Ich komme nicht an

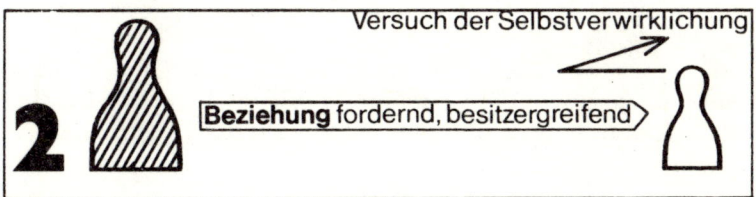

Hatte das Kind bis dahin die Fürsorge gerne geschehen lassen, so beginnt es mit zunehmendem Alter sich zu wehren; sei es gegen die Ablehnung und Kälte der Mutter, sei es gegen die erdrückende Liebe. Es möchte eine spontane Selbstverwirklichung erleben und beginnt, eigene Ideen zu äußern. Aber es muß feststellen, daß jeder Versuch, seinem eigenen Drang zu folgen, zurückgewiesen wird. (Es geht hier nicht um die erzieherische Aufgabe der Eltern, dem Kind gewisse Spielregeln beizubringen, wobei es auch Verzicht erlernen muß und der Korrektur bedarf, um etwa vor Schaden bewahrt zu bleiben.) Das Kind wird in seiner Eigenentfaltung unterdrückt und eingeengt. Sein Bewegungsfeld ist stark umgrenzt. Es bleibt ihm keine andere Wahl, als sich in der vorgegebenen Bahn zu entwickeln. Sooft es versucht, dagegen anzugehen, wird es zurückgewiesen. Es fühlt sich mißverstanden und reagiert enttäuscht oder verärgert.

Je stärker und konsequenter diese Zurückweisung erfolgt, desto zwingender wird das Gefühl, nicht verstanden zu werden. Diese Erfahrung kann schließlich zu einer Lebenseinstellung werden, wobei der Heranwachsende von vornherein auf jeden Verständigungsversuch verzichtet. Weil er nie Gelegenheit hatte, sich verständlich zu machen, wird er auch in Zukunft das, was an vitaler Regung in ihm noch vorhanden ist, verbergen.

Allmählich stumpft er ab.

Wie oft höre ich aus dem Mund junger Menschen: »Ich empfinde nichts mehr« oder »Ich weiß nicht, was ich fühle«.

Es kann also durchaus sein, daß ein Kind auf dieser zweiten Stufe steckenbleibt und bis ins Alter hinein diese erlernte kindliche Resignation beibehält. Im allgemeinen aber folgt nun die dritte Stufe, die Stufe der Aggression.

Bild 3: Versuch des Kindes: Ich wehre mich

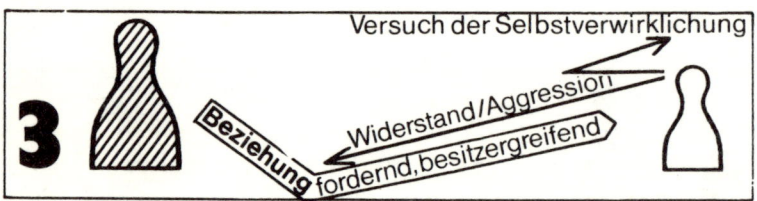

Das Kind versucht, sich gegen die Form, in die es gepreßt wird, oder gegen diese fordernde Beziehung zur Wehr zu setzen, stellt aber fest, daß es gegen diese Übermacht nichts ausrichten kann. Anstatt nun zu resignieren, zieht es alle Register, um dagegen anzugehen. Es wird aggressiv und zeigt Äußerungen, die seine Umgebung schockieren. So kommen dann ratlose Mütter zu mir und klagen: »Ich weiß einfach nicht, was mit meinem Kind los ist. Es verhält sich so anders als sonst. Es schlägt um sich und zerstört in seinem Jähzorn alles, was ihm im Weg steht. Ja, es äußert eine Aggression, die beängstigend ist.« Hinter solch einer Erscheinung kann der soeben beschriebene Mechanismus stehen. Das Kind kommt nicht gegen die erdrückende Übermacht an. Schließlich versucht es mit ganzer Kraft, eine Verständigung zu erzwingen.

Je nach Veranlagung des Kindes wird nun die Entwicklung weitergehen. Ein Kind, das noch über eine einigermaßen gesunde Reaktionsfähigkeit verfügt, wird den erdrückenden Auseinandersetzungen entfliehen und möglichst früh das Elternhaus verlassen. Es folgt damit lediglich seinem Selbsterhaltungstrieb. Und damit beginnt häufig die Odyssee so mancher Jugendlicher.

Ein Kind, das nicht die Kraft aufzubringen weiß, dieser ständigen Frustration zu entfliehen, erreicht nun die 4. Stufe.

Bild 4: Moralischer Druck

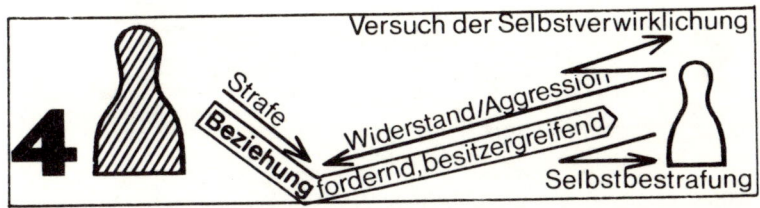

Es bleibt nicht nur bei der offenen, verbalen Auseinandersetzung. Jetzt bekommt es das Kind zu spüren: Ich habe alles für dich getan – und das ist der Dank! Dadurch wird dem Kind ein massives Schuldgefühl vermittelt. Da aber die Mutter auf den Protest des Kindes gekränkt reagiert, wird eine sachliche Klärung noch erschwert.

Dieses Gekränktsein kann so aussehen, daß die Mutter (oder die Bezugsperson) bei der kleinsten Auseinandersetzung erkrankt. Eine erleidet einen Herzanfall, eine andere eine Gallenkolik, eine dritte reagiert mit Migräneanfällen und wieder eine andere wird depressiv. Je schlimmer die Krankheit, desto effektiver.

Oder aber sie läuft aus dem Haus und droht mit Selbstmordabsichten und gibt somit dem Kind keine Möglichkeit, sein Verhalten zu begründen. Im Gegenteil: das Kind wird gezwungen, seinen Widerstand aufzugeben, wenn es nicht Gesundheit und Leben der Mutter riskieren will.

Dieses Manöver, wodurch Eltern ihre Kinder durch massive Schuldgefühle gefügig machen, kann dann im Laufe der Jahre von den Kindern als Verhaltensweise übernommen werden. Sie haben ja nie etwas anderes gelernt!

Das Kind hat nun inzwischen erfahren, daß jede Bemühung, sich selbst Raum zu schaffen, einen Konflikt auslöst, der ihm zusätzlich Angst und Schuldgefühle einbringt. Um überhaupt den Druck ertragen zu können, nimmt es Strafe und Vorwürfe der Mutter hin. Es wehrt sich nicht, sondern verbirgt seinen Groll und frißt seinen ganzen Ärger und Unmut in sich hinein. Und damit sind wir bei der fünften Stufe angelangt: der Depression.

Bild 5: Das Kind im Versteck

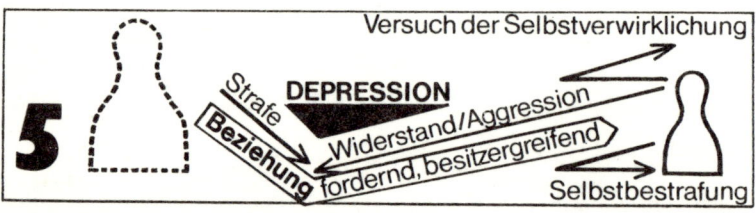

Allein die Depression bietet dem Kind noch eine Möglichkeit, sich den Auseinandersetzungen zu entziehen. Hier fühlt es sich relativ sicher.

Das Kind ist nun zu einem jungen Menschen herangewachsen; aber er hält sich nicht zu Gleichaltrigen. Er lebt isoliert. In seinen Augen erscheint das Leben so sinnlos. Und er weiß auch, wen er für sein Zukurzkommen verantwortlich machen kann.

Im Laufe der Zeit hat der Depressive herausgefunden, daß auf diese Weise ein offener Kampf vermieden werden kann; aber zugleich hat er auch gelernt, daß hier eine Möglichkeit besteht, sich heimlich zu rächen.

Mit seiner Depression hat er nun eine Waffe in der Hand, mit der er jetzt seinerseits zum Kampf antreten kann, ohne entdeckt zu werden.

Jetzt kann ich mich rächen

Depressive Menschen sind überempfindlich und äußerst leicht verletzbar, so daß man einen Zusammenstoß mit ihnen möglichst vermeidet. Ein falsches Wort, eine ungeschickte Betonung kann schon ihre depressive Reaktion heraufbeschwören. Und dann vernimmt man ihren Vorwurf: »Seht ihr denn nicht, daß ich krank bin? Wie könnt ihr so zu mir sein!« Dieser versteckte Vorwurf, der sie selbst einmal gefügig machte und zugleich in ihnen Schuld-und Angstgefühle hervorrief, wird jetzt von ihnen zurückgeschleudert. Und wenn es gilt, ihnen eine Aufgabe zu übertragen, so heißt es wieder: »Ich bin doch krank; darum müßt ihr Rücksicht nehmen. Ihr könnt nichts von mir verlangen.«

Tatsächlich erreichen sie, was sie erreichen wollten: Man stellt keine Forderungen mehr an sie und versucht, ihnen möglichst alle Schwierigkeiten aus dem Weg zu räumen.

So tyrannisieren sie ihre Umgebung und fordern, was ihnen ein Leben lang verweigert worden war: Beachtung und einen Raum, wo sie ungestört ihr Leben ausleben können.

Bestand früher ihre Forderung nach freier Lebensentfaltung zu Recht, so ist sie jetzt überspitzt und unangemessen. Sie wirkt als Herausforderung.

Die eigentliche Bezugsperson, durch die eine gestörte Beziehung zustande gekommen war, kann dabei völlig aus dem Bewußtsein verschwunden sein; ja, manchmal ist diese betreffende Person längst gestorben, und die Kindheitserinnerungen sind so sehr im Nebel versunken, daß der inzwischen junge Erwachsene den Ursprung seiner Depression selbst nicht kennt. Aber der falsch programmierte Mechanismus bleibt.

Der heimliche Groll

Wenn ich mit depressiven Menschen spreche, so stellt sich fast regelmäßig im Laufe der Gespräche heraus, daß irgend jemand als Ursache für diese Depression genannt werden kann; irgend jemand, dem der Depressive einfach nicht vergeben kann – und auch nicht will. Der Kampf, den wir soeben stufenweise darzustellen versuchten, wiederholt sich nun ständig in seinem Leben und beherrscht ihn völlig. Hier ein Beispiel aus der Praxis:

Gisela ist Sozialpädagogin, etwa 30 Jahre alt, ledig. Seit Jahren schon ist sie depressiv verstimmt.

Bei der Anamnese* stellte sich heraus, daß der Vater infolge einer Kriegsverwundung erblindet war. Die Mutter fühlte sich durch die Behinderung ihres Mannes plötzlich in ihren Entscheidungen allein gelassen. Da sie von Natur her eine selbstunsichere Frau war, wandte sie sich an ihre Kinder, die weitgehend – was Entscheidungen betraf – die Rolle des Vaters übernehmen sollten. Sie mußte jedoch feststellen, daß sie von ihren Kindern abgelehnt wurde – bis auf Gisela, die Mitleid empfand. Von da an mußte Gisela die Last der Mutter mittragen und jede Verantwortung teilen. Allmählich aber wurde diese Last für Gisela, die ja noch ein Kind war, zu schwer, und sie versuchte auszuweichen. Doch in dem Augenblick, als die Mutter bei Gisela eine Ablehnung erfuhr, reagierte sie mit einem Herzanfall.

Gisela fürchtete, die Mutter könnte sterben, und wandte sich ihr erneut mit großer Fürsorge zu, ängstlich darauf bedacht, der Mutter jede Aufregung zu ersparen. Von dieser Zeit an glaubte Gisela ihre Aufgabe darin zu sehen, ganz für die Mutter zu leben und ihre eigenen Interessen zurückstellen zu müssen. Sie lebte ständig in der Angst, die Mutter könnte sterben und sie wäre für den Tod der Mutter verantwortlich.

So entstand ein Gefühl des Ausgeliefertseins und der Bindung.

Die Mutter erkannte darin ihre Chance und klammerte sich desto fester an ihre Tochter. Immer wieder betonte sie: »Gott hat dich mir als Trost gegeben.« Und zugleich drang sie in ihre Tochter: »Du wirst mich doch nicht im Stich lassen?« Diese Erwartung war wie eine Zauberformel, die fortan Giselas Leben bestimmte. Zwar sehnte sie sich nach einem Partner, um mit ihm gemeinsam ihr Leben neu zu gestalten; doch sooft dieser Wunsch in ihr auftauchte, unterdrückte sie ihn, aus Angst, ihrer Mutter dadurch einen folgenschweren Schock verursachen zu können. So war sie hin und her gerissen – und wurde depressiv: sie grollte ihrer Mutter, aber sie hatte Angst, ihren Groll offen zu äußern.

* Vorgeschichte einer Krankheit

Zusammenfassend können hier noch einmal einige charakteristische Punkte dieser Depressionsform aufgezeigt werden:
- Unfähigkeit, sich in einer Gruppe zu integrieren
- Überempfindlichkeit
- Ablehnung jeder Lebensfreude
- Neigung zum Problematisieren und Negativieren
- Entschlußunfähigkeit
- Fähigkeit, negative Lebensumstände herbeizuführen
- versteckte Aggressivität
- extremes Selbstmitleid
- innere Zwiespältigkeit: Unzufriedenheit mit sich selbst und zugleich Überbewertung seiner selbst

Versuche einer Lösung:

Ich habe ein Recht auf meine Aggression

Es gibt nun verschiedene Behandlungsmöglichkeiten. Einige Therapeuten behaupten: wenn jemand seine Aggression auslebt, kann er befreit werden. Das Ausleben der Aggression kann dann sehr konkrete Formen annehmen.

Ich erinnere mich an eine Gruppenstunde, in der stellvertretend für die Erziehungsperson eine Strohpuppe symbolisch umgebracht werden sollte.

Diese Methode bietet keine Lösung. Im Gegenteil, sie führt nur tiefer in die Verstrickung hinein. Ich kenne keinen einzigen Fall, der durch Ausleben seiner Aggression Hilfe erfahren hätte. Es mag sein, daß der Depressive im ersten Augenblick eine gewisse Genugtuung erlebt, doch schon bald danach treten neue Schwierigkeiten und massive Schuldgefühle auf.

Eine junge Krankenschwester nahm wegen ihrer depressiven Verstimmungen an einer analytisch orientierten Neurotikergruppe teil und wurde aufgefordert, ihre Aggression mutig zum Ausdruck zu bringen. Als kurz darauf eine Situation eintrat, durch die sie sich herausgefordert fühlte, stand sie auf und gab der Therapeutin eine Ohrfeige. Als sie daraufhin getadelt wurde, kam sie völlig verstört zu mir und klagte: »Ich hatte aber doch endlich einmal meine Aggression zum Ausdruck gebracht, die ich immer schon gegen meine Mutter hatte. Das ist doch ein Erfolg! Und jetzt quittiere ich dafür einen zusätzlichen Mißerfolg.« Solange sich die Psychotherapie mit der Aggression befaßt, wird sie keinen Erfolg haben oder zumindest nur einen Scheinerfolg.

Nicht die Aggression muß behandelt werden, sondern die erste Beziehung, das erste Ausgeliefertsein.

Ich bin nun einmal so

Die zweite Möglichkeit, eine Depression zu behandeln, wäre, den Depressiven weiterhin Versteck spielen zu lassen. Er bleibt in seiner Krankheit und genießt die Vorzüge, die ihm dadurch entstehen, nämlich die Rücksichtnahme und das Bedauern der Umwelt.

Es ist verständlich, daß es manch einem schwer fällt, diese Vorzüge aufzugeben. Vielleicht ist es ihm auch durch jahrelange Übung vertrauter, in seinem Kranksein zu leben. Außerhalb dieser schützenden Mauern fühlt er sich unsicher und ausgeliefert.

Außerdem ist es viel bequemer, alle Verantwortung von sich abzuschieben.

Vielleicht klagt der eine: »Meine Mutter ist mein Schicksal« oder der andere resigniert: »Ich bin nun einmal so, daran kann ich nichts ändern!« Doch, wir können sehr viel daran ändern; aber wir müssen uns verändern wollen! Aber leider entscheidet sich ein großer Teil der Depressiven für diese zweite Möglichkeit und bleibt wie er ist.

. . . wie auch wir vergeben unsern Schuldigern . . .

Die dritte Möglichkeit, mit Depressionen umzugehen, wird uns von Jesus Christus gezeigt.

Im Vaterunser lehrt Jesus uns beten: ». . . und vergib uns unsere Schuld, wie wir unsern Schuldigern vergeben« (Matth. 6,12).

Im menschlichen Miteinander sind wir auf Vergebung angewiesen, wenn wir im Frieden leben wollen.

Vergeben ist auch die erste Voraussetzung in unserer Beziehung zu Gott.

Vergebung empfangen und Vergebung gewähren sind nicht voneinander zu trennen.

Jesus setzt unsere Bereitschaft zur Vergebung bei unserem Beten voraus: »Wenn ihr steht und betet, so vergebt, wenn ihr etwas gegen jemanden habt, damit auch euer Vater im Himmel euch eure Fehler vergebe. Wenn ihr aber nicht vergeben werdet, so wird euch euer Vater, der im Himmel ist, eure Fehler auch nicht vergeben« (Mark.

11,25). Daß wir dabei alle wesentlich schlechter abschneiden würden, müssen wir wohl zugeben.

Sehr anschaulich schildert Jesus das Bild von jenem König, der mit seinen Ministern abrechnen wollte. Als der König von der großen Verschuldung eines Ministers erfuhr, verurteilte er ihn zu einer hohen Strafe: Aber auf dringendes Bitten erließ er ihm die Schulden.

Als dann der von der Großzügigkeit des Königs Beschenkte einen traf, der ihm eine ganz geringe Summe schuldete, ging er mit diesem Schuldner hart ins Gericht. Der König erfuhr von dieser Ungerechtigkeit seines Ministers, ließ ihn rufen und zog ihn zur Rechenschaft mit dem Ergebnis, daß jetzt der Minister für seine Schuld voll haftet.

Jesus unterstrich dieses Bild mit den Worten: »So wird euch mein himmlischer Vater auch behandeln, wenn ihr eurem Bruder nicht von Herzen verzeiht« (Matth. 18,35).

Jesus läßt sich hier nicht auf eine Diskussion ein. Ganz gleich, welches Gesicht dieser »Bruder« auch immer tragen mag, ob es ein Bruder ist, eine Schwester oder die Mutter – es ist ein Mensch, der an uns schuldig geworden ist und uns noch immer etwas schuldet. Jesus erwartet von uns, daß wir nicht fordern, sondern geben. Nicht in Form einer Vergeltung, indem wir unser Recht durchsetzen, sondern indem wir vergeben.

Wenn ich jemandem vergebe, so »ver-gebe« ich mir damit nichts in dem Sinne, daß ich meiner Würde schade. Wer vergibt, der ist in der besseren Position. Nun mag jemand einwenden, daß nur derjenige geben kann, der etwas hat, etwas besitzt, von dem er abgeben kann. Da aber der Depressive im Defizit zu leben glaubt, müßte er ja zunächst Sättigung erfahren, um dann austeilen zu können. Aber Jesus sagt, daß wir bereits empfangen haben, nämlich die Vergebung Gottes, und darum können auch wir vergeben.

Hier liegt ein göttliches Prinzip zugrunde, über das wir nicht diskutieren, sondern dem wir gehorchen sollen. Gott hat es uns in Jesus Christus vorgelebt und erwartet von uns, daß wir ebenso großzügig sind wie er. Durch die Vergebung wurden wir zu »Königen und Priestern« ernannt (1. Petrus 2,9). Wenn wir so Beschenkte sind, können auch wir schenken, erlassen, freilassen.

Und wo wir meinten, in unserem Leben zu kurz gekommen zu sein, will Gott auffüllen, ja, mehr als das; die Bibel spricht von einem »vollen, gedrückten, gerüttelten und überfließenden Maß«, das uns zugedacht ist, wenn wir geben (Luk. 6,38). Warum also sollten wir kleinlich sein und auf das pochen, was wir »unser Recht« nennen?

Und gerade mit dieser dritten Möglichkeit, einer Depression zu begegnen, habe ich die erstaunlichsten Erfahrungen gemacht, die deutlich werden lassen, daß Gott sich zu dieser Lösung bekennt.

»Es funktioniert«

Helmut kam nach einem zweimaligen Suizidversuch zu mir. Er war sehr wortkarg und reserviert. Dementsprechend gestalteten sich die Gespräche schwer. Es war ein mühsames Frage- und Antwortspiel. Man spürte seine innere Spannung. Gegen Ende des Gesprächs kam ich auf seine Eltern zu sprechen.

»Fühlen Sie sich von Ihren Eltern nicht verstanden?«

»Nein.«

»Haben Sie schon immer mit diesem Gefühl gelebt, nicht verstanden zu werden?«

»Ja.«

Und dann endlich war es, als wären die Schleusen geöffnet und seine ganze Aggression kam zum Ausdruck, als er sagte:

»Ich hasse meine Eltern. Sie haben mich noch nie verstanden. Ich mußte immer so sein, wie meine Eltern mich haben wollten. Sie haben mein ganzes Leben bestimmt. Auch meine Studienfächer wurden mir vorgeschrieben. Ich studiere Mathematik und Englisch, weil mein Vater das wollte. Aber ich kann diese Fächer nicht ausstehen. Ich weiß nicht, was ich studieren möchte, aber auf keinen Fall Mathematik und Englisch. Und bei allem, was ich tue, habe ich immer das Gefühl, daß mir mein Vater über die Schulter sieht. Dann bin ich völlig blockiert.«

»Fühlen Sie sich Ihrem Vater ausgeliefert?«

»Ja. Vollkommen.«

»Und Sie lehnen Ihr Studium ab, weil Sie wissen, daß Sie damit Ihrem Vater einen Gefallen tun. Ihr Vater würde sich natürlich freuen, wenn Sie in Ihrem Studium Erfolg hätten; aber gerade das wollen Sie nicht.« Er grinste, und ich fuhr fort:

»Dann wären Sie ja endgültig Ihrem Vater ausgeliefert. Und genau davor haben Sie Angst. Aber wenn Sie sich jetzt gegen ihn entscheiden, dann bekommen Sie Schuldgefühle.«

»Ja, ich weiß, mein Vater hat alles für mich getan. Aber ich will ihm nicht dankbar sein. Ich hasse ihn.« Wir versuchten noch eine Zeitlang, diesen oder jenen Gedanken weiter zu verfolgen, und schließlich sagte ich:

»Sie würden mit Sicherheit keine Lösung für Ihr Problem finden, wenn Sie Ihre Aggression an Ihrem Vater auslassen würden – oder an sich selbst. Ich kenne nur eine einzige Lösung für Ihr Problem.« Und dann sagte ich ihm das Wort Jesu von der Vergebung. Er schwieg. Aber ich spürte den inneren Kampf.

Als wir uns dann verabschiedeten, gab ich ihm zu bedenken: »Sie haben doch nichts mehr zu verlieren; deshalb versuchen Sie es einmal.«

Danach machten wir einen neuen Termin fest.

Noch vor dem vereinbarten Termin erreichte mich eine Karte mit dem Satz: »Es funktioniert!« Ich atmete erleichtert auf.

Als er dann einige Tage später wieder vor mir stand, hatte ich den Eindruck, ein anderer Mensch stände vor mir. Und dann berichtete er. Das letzte Gespräch hatte ihn sehr mitgenommen. Die Forderung Jesu erschien ihm unmöglich. Aber schließlich sagte er sich: Ich habe alles ausprobiert. Ich habe gehaßt, gestichelt, ich war beleidigt, bin weggelaufen, ja, ich habe sogar zweimal versucht, meinem Leben ein Ende zu machen – nur diese eine Möglichkeit der Vergebung habe ich bisher nicht versucht. So fing er an, mit Jesus darüber zu sprechen. Er fühlte sich von Jesus akzeptiert. Und plötzlich erkannte er: Ich bin ja gar nicht meinem Vater ausgeliefert. Ich gehöre ja zu Jesus. Und diese neue Zugehörigkeit gab ihm eine neue Position.

In dieser Zeit waren seine Eltern gerade im Urlaub. Als sie zurückkamen, konnte er ihnen zum erstenmal unbefangen begegnen. Und zu seinem größten Erstaunen stellte er fest, daß die Haßgefühle nicht mehr da waren. Auch konnte er mit seinem Vater ohne die gewohnte Aggression sprechen. Und noch mehr verwunderte es ihn, daß sein Vater Verständnis zeigte, als er bald darauf seine Studienfächer änderte.

Der Herrschaftswechsel

Normalerweise hat ein Mensch – zumal wenn er Christ ist – wieder und wieder von den verschiedensten Seelsorgern gehört, daß er seine Eltern ehren und ihnen untertan sein soll.

Vergeben heißt nun nicht, sich wieder in die erste einengende Beziehung hineinzubegeben. Vergeben heißt, auf einer anderen Ebene neu anfangen. Theologisch gesehen bin ich nicht Eigentum meiner Eltern, sondern ein Eigentum Gottes. Dies Bewußtsein gibt mir eine größere Freiheit meinen Eltern gegenüber.

Gerade depressive Menschen haben davor Angst, einem anderen ausgeliefert zu sein. Sie wollen Herr sein über sich selbst. Sie haben ja ihr ganzes bisheriges Leben in einer Abhängigkeit zugebracht, und daran sind sie zerbrochen. Doch absolute Bindungslosigkeit ist eine Illusion. Wir Menschen können ohne Bindung nicht leben. Entscheidend ist, an wen wir gebunden sind und wer unser Leben bestimmt. Ob es die Mutter ist oder der Ehepartner, ob es irgendein Mensch ist, der seine Machtansprüche in unserem Leben geltend machen will – oder ob es Gott ist.

Wir sind gefragt

Wie oft habe ich vorwurfsvoll aus dem Mund von depressiven Menschen gehört: »Ich habe hundert-, ja tausendmal Gott gebetet, er möge meine Depression wegnehmen. Und es hat nichts geholfen.« Aber dabei waren sie nicht bereit, ihren Groll aufzugeben. Ich frage mich deshalb: Kann Gott solch ein Gebet beantworten? Hier ist eine zwischenmenschliche Beziehung durch Schuld gestört. Und Schuld ist eine Mauer, die zwischen Gott und dem Menschen steht. Wenn wir jetzt beten, daß Gott uns von der Depression befreit, so erwarten wir ja von ihm, daß er über schuldhaftes Geschehen einfach hinwegsehen soll.

Wie unvorstellbar hart aber Gott mit der Sünde ins Gericht geht, sehen wir am Tode Jesu.

Könnte es nicht viel eher sein, daß Gott durch die Depression zu uns reden will? Daß er uns dadurch auf etwas hinweisen will, was in unserem Leben nicht in Ordnung ist? Anstatt uns zu beklagen, sollten wir der Störung auf den Grund gehen und unsere Beziehung zu den Menschen klären. Solange jemand Ressentiments in seinem Innern hegt, kann auch die beste Medizin nichts ausrichten. Und solange wir nicht bereit sind, unser Verhältnis zu dem anderen zu ordnen, leiden wir noch nicht tief genug an unserer Depression.

Ich glaube, daß eine gereinigte Beziehung zum Nächsten die Voraussetzung für ein erfülltes Leben ist.

Wie viele Menschen aber leben in einem Zwiespalt. Auf der einen Seite wollen sie, daß ihr Leben anders wird, und sie sehnen sich nach einer Erfüllung mit dem Geist Gottes und seiner Liebe – und auf der anderen Seite wollen sie ihre alte Beziehung nicht aufgeben. Es ist ein unermüdliches Tauziehen. Sie wissen: Eigentlich sollte ich diesem Menschen vergeben – aber andererseits wollen sie ihm die wohlverdiente Strafe nicht einfach erlassen. Und darum erscheint ihnen die Forderung zur Vergebung unmenschlich. Schließlich verdrängen sie ihr Problem und beten weiter.

Gott aber hat sie längst vor die Entscheidung gestellt. Der Schlüssel zur Veränderung unseres Lebens ist uns bereits in die Hand gegeben.

Ja, es kann sein, daß die Umwelt an der ganzen Entstehung meiner Depression schuld gewesen ist; aber verantwortlich bin ich für das, was ich jetzt aus dieser Situation mache. Wofür ich mich entscheide. Ob ich wirklich frei werden will oder ob ich weiter Gefangener meiner Dunkelheit bin.

Gott überläßt uns die Wahl.

Wir sind gefragt: Bin ich bereit, auf das Ausleben meines Grolls zu verzichten? Bin ich bereit, meine Rachegelüste aufzugeben?

Ich höre immer wieder den Satz: »Das kann ich nicht; das ist einfach unmöglich.« Aber verlangt Gott wirklich etwas Unmögliches von uns?

Vergeben hat zunächst nichts mit meinem Gefühl zu tun. Es ist eine Entscheidung. Und ich habe in meiner Praxis immer wieder erfahren, daß Gott sich zu einer solchen Entscheidung bekennt. Ja, daß selbst langjährige und fast nicht zu behandelnde Depressionen geheilt werden, wenn dieser Mensch zur Vergebung bereit ist.

Wir brauchen nicht darauf zu warten, bis wir in uns die Fähigkeit zur Vergebung spüren.

Als Jesus seine Jünger aussandte, um die Menge der Tausende mit fünf Broten und zwei Fischen zu speisen (Matth. 14,19), *verlangte er nicht von ihnen, daß sie im Rausch des bevorstehenden Erfolgs hingingen, sondern daß sie ihm gehorchten.* Dies ist ein göttliches Prinzip. Und so wie sich die Fluten des Jordan erst in dem Augenblick teilten, als die Priester ihre Füße ins Wasser setzten (Jos. 3,15), so erwartet Gott auch von uns, daß wir seinem Wort gemäß handeln.

II. Kapitel

Kommunikationsstörungen

1. Die normale Kommunikation

Wie oft hören wir aus dem Mund eines anderen: »Mich versteht keiner!« Und wir fragen uns: Warum ist die Kommunikation zwischen Menschen oft so schwer?

Nun, zunächst wollen wir über zwei verschiedene Kommunikationsformen nachdenken.

Die sogenannte verbale Kommunikation

Wir verständigen uns mit Hilfe unserer Sprache, und in der Regel wissen wir, daß wir ein und dieselbe Sprache reden müssen, um verstanden zu werden. Wenn ich also japanisch spräche, könnte ich im allgemeinen von Deutschen nicht verstanden werden. Darum spreche ich deutsch, um von deutsch-sprechenden verstanden zu werden. Unsere Sprache dient uns als Werkzeug unserer Verständigung.

Nun gibt es aber auch

Die nicht-verbale Kommunikation

Durch unsere Mimik, unsere Gesten, unser Benehmen oder auch durch unser Schweigen zeigen wir einem andern, was wir meinen. Es braucht also u. U. kein einziges Wort zu fallen – und doch werden wir verstanden.

Als ich zum ersten Male nach Deutschland kam, habe ich mich dieser nicht-verbalen Kommunikationsmethode bedient. Dabei müssen wir zugeben, daß diese Methode nicht immer ganz ideal ist und hin und wieder zu Mißverständnissen führen kann.

Außerdem ist sie begrenzt und kann nicht überall angewandt werden.

Wenn jemand die Nase rümpft, so weiß jeder, was gemeint ist. Durch das Rümpfen der Nase oder durch den Gesichtsausdruck meines Gegenübers wird mir ein gewisses Gefühl mitgeteilt. Oder: Wenn jemand vor einer festlich gedeckten Tafel durch Mimik seiner Überraschung Ausdruck verleiht, so wissen wir, daß dieses Essen ihm einen besonderen Genuß verheißt.

Im mitmenschlichen Zusammensein können wir auf diese Methode kaum verzichten. Sie verleiht unserer Beziehung eine gewisse Lebendigkeit, zumal wenn sie als Unterstützung der verbalen Kommunikation dient. Normalerweise ist es so, daß das, was wir sagen, und das, was wir mit anderen Mitteln ausdrücken, übereinstimmt. Was wir sagen und was wir unser Gegenüber spüren lassen, ist tatsächlich das, was wir meinen.

Es ist eine Einheit.

Wenn wir uns auf solch eine unmißverständliche Weise einem andern zuwenden, werden wir kaum Schwierigkeiten haben, verstanden zu werden. Und umgekehrt werden auch wir andere verstehen, die auf so eindeutige Weise mit uns umgehen.

2. Die gestörte Kommunikation

Versteckte Botschaft

Häufig haben wir es mit einer gestörten Kommunikation zu tun, wobei sich die Sprache, die wir hören, nicht ganz mit dem Gefühl deckt, das uns gleichzeitig vermittelt wird. Hier sprechen wir von einer *verschobenen Kommunikation*. Es kommt dabei zu keiner direkten Verständigung, vielmehr wird auf versteckte Weise ein bestimmtes Ziel verfolgt.

Dieses Versteckspielen im Verschweigen kann nun von der zarten Liebesannäherung zweier Menschen bis hin zur groben Entstellung einer Situation reichen. Im Alltag haben wir es mit unzähligen Schattierungen solch einer versteckten Andeutung zu tun.

Ein Beispiel mag dies verdeutlichen:

Ein junger Student ist in seine Arbeit vertieft und würde gerne etwas trinken. Es ist heiß, und obendrein ist er müde. Ein Tee würde ihm jetzt zweifellos gut tun. Er möchte aber nicht gerne seine Arbeit unterbrechen; er wagt aber auch nicht, seine Freundin, die ihm vielleicht noch nicht so vertraut ist, direkt um einen Gefallen zu bitten; so verwickelt er sie in ein kleines Gespräch:

»Es ist heiß, findest du nicht? Hast du keinen Durst?« Anstatt seinen Wunsch unmittelbar zu formulieren, versucht er, diesen seinen Wunsch in sie hinein zu projizieren, und auf diese Weise kommt er dann zu seinem Tee.

Ich kann auf sehr mannigfache Weise versteckte Botschaften meinem Gegenüber vermitteln.

Nun erfordert zweifellos der Umgang mit andern eine gewisse Höflichkeit. Ich werde nicht auf einen Menschen zugehen und ihm sagen: »Ihre Nase gefällt mir nicht« oder: »Sie sind unmöglich gekleidet.« Solange ich nicht gefragt bin, werde ich meinen Eindruck für mich behalten. Selbst dann, wenn man mich fragt, werde ich eine Form wählen, durch die der andere nicht unnötigerweise verletzt wird.

Innerhalb der menschlichen Gesellschaft sind versteckte Botschaften an der Tagesordnung. Ja, gelegentlich kommen wir ohne eine schonende Kommunikation kaum aus, leider aber wird dabei sehr leicht die Grenze zwischen Wahrheit und Lüge verwischt.

Der Gastgeber hat einen anstrengenden Tag hinter sich und ist müde; doch unter seinen Gästen ist noch kein Zeichen zum Aufbruch zu erkennen. Endlich sieht er einen der Gäste gähnen und hakt sofort ein: »Oh, verzeihen Sie, daß ich Sie solange hingehalten habe. Ich wußte gar nicht, daß es schon so spät ist . . .'' Wenn nun der Gast darauf eingeht, so wird der Gastgeber erleichtert aufatmen. Wenn allerdings der Gast höflich abwinkt: »Oh, das macht wirklich nichts. Ich kann morgen ausschlafen . . .«, so hat der Gastgeber mit seinem Spielchen das Ziel verfehlt.

Bei diesem Beispiel ist die versteckte Botschaft noch relativ harmlos, obschon auch hier eine Wahrheitsverschiebung deutlich wird.

Schwieriger schon ist es bei dem nun folgenden Beispiel:

Wir haben einen Gast bei uns zu Hause, der am Abend in der ihm fremden Stadt noch einen Besuch machen will. Er hat aber keine Lust, mit dem Bus dorthin zu fahren; es wäre zu umständlich und kostete ihn zu viel Zeit. Anstatt mich nun direkt zu fragen: »Könnten Sie mich vielleicht mit Ihrem Auto dorthin bringen?« fängt er umständlich an, vom schlechten Wetter zu reden und der hereinbrechenden Dunkelheit und den unbekannten Gefahren einer Großstadt usw. Vielleicht läßt er noch durchblicken: ». . . nun, ich werde schon irgendwie zurechtkommen«, aber es bleibt doch ein gewisser Unsicherheitsfaktor offen, so daß ich unwillkürlich an mein Auto denken muß, das in der Garage steht. Und wenn ich jetzt unseren Gast frage: »Soll ich Sie hinbringen?« dann wehrt er ganz entrüstet ab: »Nein, auf keinen Fall, das habe ich nicht gesagt . . . Aber wenn Sie es mir schon so großzügig anbieten, dann gehe ich darauf ein . . .«

Hier wird die Botschaft, die mit dem Gefühl vermittelt wird, mit den Worten geleugnet.

Selbstunsichere Persönlichkeiten wählen sehr häufig eine verschobene oder indirekte Kommunikationsform. Da die Beziehung, in der sie sich befinden, in ihren Augen nicht sehr tragfähig ist, haben sie keinen Mut, ihr Gegenüber direkt anzusprechen. Vielleicht haben sie auch Angst, abgewiesen zu werden.

Sie sind ja so verletzbar, daß sie alles meiden, was ihnen Schmerz zufügen könnte.

Zu dieser Gruppe gehören auch vielfach Menschen, die ständig reden und sich zu jedem Thema äußern, um sich selbst dahinter zu verstecken. Sie haben zwar viele oberflächliche Kontakte, sind aber im Grunde nicht bindungsfähig. Hierzu zählen häufig aggressive und zynische Menschen. Sie sind innerlich verwundet, und um ihre Wunden zu schützen, wählen sie diese verschobene Kommunikationsform. Im Laufe der Jahre haben sie sich eine solche Maske zugelegt, mit der sie nun so verwachsen sind, als gehörte sie zu ihnen.

Ja, oft wissen sie selbst nicht einmal, wer sie sind, so sehr haben sich an ihr Rollenspiel gewöhnt.

Niemand versteht mich

Die Art, wie wir uns verständigen, kann eine Gewohnheit werden, von der wir nicht so ohne weiteres loskommen. Und wenn wir vielleicht durch Jahre hin auf eine bestimmte Weise mit anderen Menschen umgehen, dann haben wir uns an diese Verständigungsform so sehr gewöhnt, daß sie uns zu eigen geworden ist.

Es ist aber für einen Außenstehenden oft zu mühsam, herumzurätseln, was wir eigentlich sagen wollen. Auf die Dauer ist darum solch eine Verständigung einfach nicht zumutbar. Vielmehr ist es im allgemeinen so, daß sich der Gesprächspartner zurückzieht mit der Begründung: »Ich weiß einfach nicht, woran ich bei ihm bin. Wenn ich mit ihm spreche, muß ich so vorsichtig sein. Seine Gegenwart verunsichert mich.« Und dann kann es dahin kommen, daß wir uns beklagen: »Ich werde von keinem Menschen verstanden.«

Die Frage aber ist: Haben wir uns verständlich genug gegeben?

Sich verständlich zu machen bedeutet nun nicht, überall über das zu reden, was uns im tiefsten bewegt, oder zu allem unsere Meinung zu äußern. Aber wir sollten uns üben, daß das, was wir sagen, mit dem, was wir meinen, auch übereinstimmt; denn auf die Dauer kann eine verschobene Kommunikation keine tragfähige Basis für eine gesunde Beziehung sein.

Außer einer verschobenen oder indirekten Kommunikation sprechen wir aber auch von einer gespaltenen Kommunikation, die nun wieder in verschiedenen Schweregraden auftritt. Ein Beispiel:

Eine Mutter hat Angst, ihre Tochter zu verlieren, die zum Studium ins Ausland will. Nun möchte die Mutter einerseits die Tochter zurückhalten, andererseits will sie aber ihrer Tochter nicht im Wege stehen, sondern ihr den notwendigen Raum zur Eigenentfaltung geben. Die Mutter erkennt ihren Wunsch, die Tochter festzuhalten, als egoistisch und gibt daher ihre Tochter mit Worten frei, bindet sie jedoch gleichzeitig mit dem Gefühl.

Das sieht etwa so aus: Die Mutter sagt: »Ich freue mich, daß du die Möglichkeit hast, dich im Ausland weiterzubilden. Du kannst fahren.« Aber zugleich gibt sie ihrer Tochter zu verstehen, daß sie sich nicht wohlfühlt und gar nicht weiß, was in letzter Zeit mit ihr los ist, ja, daß sie manchmal glaubt, nicht mehr lange zu leben. Und ganz beiläufig zählt sie auf, was alles an Arbeit noch auf sie wartet, und daß jeder Tag wie ein unüberwindbarer Berg vor ihr steht.

Schließlich läßt sie durchblicken, daß ihr ganzes Leben ein Verzicht gewesen ist . . . usw.

Das Gefühl, bei der Mutter bleiben zu müssen, wird der Tochter so massiv mitgeteilt, daß sie schließlich ihre eigenen Interessen zurückstellt und sich verpflichtet fühlt, der Mutter beizustehen.

Daß dadurch die Harmonie zwischen Mutter und Tochter gestört ist, liegt auf der Hand. Die Tochter fügt sich zwar einer unausgesprochenen, aber deutlich spürbaren Bitte, lehnt sich aber zugleich dagegen auf und macht der Mutter Vorwürfe.

Wenn nun ein Mensch zwei Botschaften empfängt, von denen die eine die andere aufhebt, so sprechen wir von einer double-bind-Situation. Es handelt sich dabei zumeist um eine Beziehung, in der ein Kind seiner Mutter völlig ausgeliefert ist, also in einer so starken Abhängigkeit lebt, daß es nicht in der Lage ist, sich mit solch einer doppelzüngigen Botschaft auseinanderzusetzen. Das Kind wird buchstäblich auf doppelte Weise gebunden. Es ist in einer Beziehungsfalle gefangen und gleichsam mit zwei Seilen gebunden, die es in zwei entgegengesetzte Richtungen zerren und es zu zerreißen drohen. Die Botschaften, die ihm vermittelt werden, reichen von einer Verschleierung bis hin zur groben Entstellung. Je nach Persönlichkeitsstruktur der Mutter wird diese Botschaft plump vermittelt, so daß sie relativ leicht durchschaubar ist, oder aber sehr diffizil. Auf jeden Fall herrscht keine eindeutige, klare Verständigung, vielmehr eine schillernde, die mehrfache Deutungen zuläßt. Und durch diese Halbwahrheit wird das Kind immer benachteiligt sein. (Doch hierauf werden wir später noch im einzelnen eingehen.)

Es gibt Menschen, die können gar nicht anders, als auf versteckte Weise miteinander zu kommunizieren. Ihre Botschaften müssen ständig entschlüsselt werden. Daß der Umgang mit solchen Menschen ausgesprochen schwierig ist, braucht nicht eigens ausgeführt zu werden.

Vorsicht: Falle!

Wir hatten soeben ein Beispiel angeführt, in dem die Mutter ihre Tochter vom Auslandsstudium zurückhalten wollte, diesen ihren Wunsch jedoch nicht direkt zum Ausdruck brachte, sondern durch die Schilderung ihrer Hilfsbedürftigkeit die Tochter zum Bleiben aufforderte. Hier besteht eine gewisse Ambivalenz zwischen Vernunft (die Mutter wollte theoretisch die Tochter freigeben) und Gefühl (der Trennungsgedanke erschien ihr unerträglich). Bei diesem Beispiel wird also neben einer verbalen auch eine nicht-verbale Botschaft mitgeteilt, wobei die eine die andere aufhebt: Mit Worten gibt die Mutter ihre Tochter frei, bindet sie aber zugleich mit dem Gefühl; wobei dem Gefühl ein größeres Gewicht beigemessen wird. Hier besteht jedoch noch eine Liebesbeziehung – wenn auch seitens der Mutter nicht frei von einer egoistisch-erwartenden Art.

Verhängnisvoller ist es, wenn einer Beziehung eine – zumeist unbewußte – innere Ablehnung zugrunde liegt. Einerseits spürt das Kind die Ablehnung der Mutter, andererseits aber wird diese Ablehnung als nicht bestehend verneint.

Kürzlich wurde ein junges Mädchen in einem sehr erregten Zustand zu mir gebracht. Man wollte es für verrückt erklären und in ein Krankenhaus einliefern. Während ich mit diesem Mädchen sprach, merkte ich, daß eine Verständigung durchaus noch möglich war. Die Mutter aber ließ ihre Tochter kaum zu Wort kommen, sondern versuchte sofort, das Gespräch an sich zu reißen, indem sie anfing, alles aufzuzählen, was sie für ihr Kind getan habe und wie sie sich selbst nicht geschont hätte; vielmehr habe sie Tag und Nacht nur für ihr Kind gelebt und auf dieses und jenes um seinetwillen verzichtet usw. Und plötzlich sprang dieser junge Mensch auf und schrie: »Hör auf!

Ich kann das nicht mehr hören! Das ist ja alles wahr, was du da sagst; aber du hast mich nie geliebt! Und so lange ich mich zurückerinnern kann, habe ich deine Liebe nicht ein einziges Mal gespürt!«

Ähnlich wie bei dem Bild der Depression soll auch hier anhand einer Skizze erläutert werden, welche Stufen durchlaufen werden, bis es zu einer seelischen Fehlschaltung kommt.

Bild 1: Kind: Ich bin dir ausgeliefert

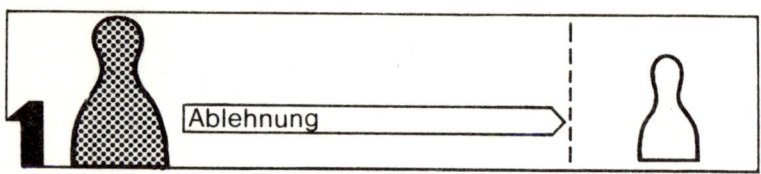

Wieder geht es um die Beziehung zwischen Mutter und Kind, wobei auch hier für die Mutter genauso gut eine andere Bezugsperson stehen kann. Entscheidend ist, daß das Kind in einer engen Abhängigkeit lebt, in der es keine andere Wahl hat als auszuhalten. Das Kind ist also der Bezugsperson völlig ausgeliefert. Das Verhängnisvolle aber ist, daß das Kind von seiner Mutter nicht freudig bejaht und angenommen, sondern abgelehnt wird.

Wie bei der Entstehung einer Depression kann diese Ablehnung aus sehr unterschiedlichen Gründen erfolgen und auch völlig unbewußt bleiben. Nehmen wir wieder nur einige Gründe heraus:

Es kann sein, daß dieses Kind die Mutter an ihren Freund erinnert, der sie verlassen hat. Vielleicht wird es auch lediglich als »Unfall« betrachtet; oder die Mutter fühlt sich durch ihr Kind überfordert; ja, sie weiß sich unfähig, ein Kind großzuziehen. Vielleicht hatte sie gehofft, ihre Jugend unbeschwert genießen zu können; durch dieses Kind nun sieht sie sich eingeengt und ihrer Freiheit beraubt. Jetzt ist da ein Wesen, das einen Anspruch erhebt und sie ganz fordert.

Was auch immer der Grund der Ablehnung sein mag: dieses Kind ist ein Störfaktor im Leben der Mutter.

Bild 2: Mutter: Ich habe ein schlechtes Gewissen

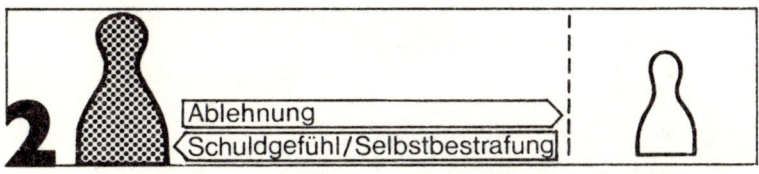

Auch wenn die Ablehnung der Mutter weitgehend unbewußt bleiben sollte, ahnt sie doch, daß ihre Zuneigung etwas Erzwungenes hat. So klagt sie sich selbst an und macht sich Vorwürfe. Sie fühlt sich schuldig und bestraft sich selbst wegen ihrer inneren Abwehrhaltung. Aber diese Ablehnung will sie nicht zugeben. So wird sie überspielt. Und damit sind wir bei der dritten Stufe.

Bild 3: Mutter: Ich habe alles für dich getan

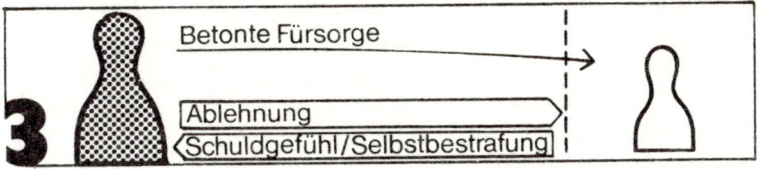

Um jetzt das Schuldgefühl zu kompensieren und das Nicht-vorhandensein echter Liebe auszugleichen, bemüht sich die Mutter in betonter Fürsorge um das Kind. Sie überschüttet es mit Geschenken und erfüllt jeden nur denkbaren Wunsch, ja, kommt den Wünschen des Kindes schon zuvor. Und das alles mit dem Gedanken: damit mir keiner nachsagen kann, ich sei eine schlechte Mutter und hätte nicht alles für mein Kind getan. Sie opfert sich geradezu auf für ihr Kind, ist ständig im Einsatz, um ihr schlechtes Gewissen zu überlisten. Und schließlich gelingt es ihr, und sie ist davon überzeugt, keine Mutter würde ihr Kind so lieben, so beschützen, so umgeben wie sie.

Das Kind nimmt die Fürsorge der Mutter gerne entgegen und freut sich über diese Zuwendung, die ihm zuteil wird. Als ganz natürliche Reaktion beantwortet das Kind diese Zuwendung mit Liebe.

Bild 4: Antwort des Kindes: Ich liebe dich

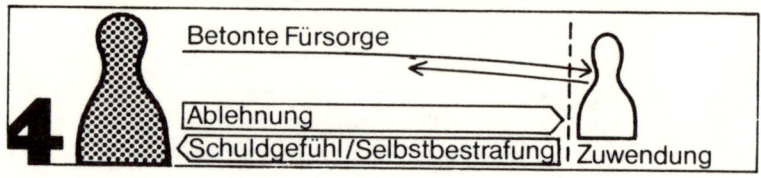

Das Kind wendet sich nun seinerseits der Mutter zu, weil es die Fürsorge als Aufforderung versteht, sich der Mutter anzuvertrauen.

*Wenn jetzt durch die Liebe des Kindes in der Mutter eine spontane
Gegenliebe geweckt wird, dann ist das Problem gelöst, und die an-
fänglichen Schwierigkeiten würden in der weiteren Entwicklung des
Kindes abgefangen und positiv verarbeitet.* Wenn aber – was häufig
der Fall ist – die Liebe des Kindes die ursprüngliche Ablehnung der
Mutter jetzt bewußter werden läßt, dann wächst das Problem.

Ich will versuchen, diesen Vorgang deutlich zu machen:

Wenn die Mutter jetzt die Liebe und Zuwendung ihres Kindes er-
fährt, schrickt sie zurück. Sie wollte es ja einfach nicht wahrhaben,
daß dieses Kind existiert. Die Liebezuwendung des Kindes bringt sie
daher in einen Konflikt. Jetzt muß sie es bewußt erleben, daß das
Kind existiert, jetzt muß sie ihre Stellung dem Kind gegenüber beziehen. Darum reagiert sie verärgert und unwillig und weist das Kind
zurück.

Das Kind versteht diese Reaktion der Mutter zu Recht als Strafe
und ist verständlicherweise geschockt.

Bild 5: Reaktion des Kindes: Wenn du mich nicht willst, ziehe ich mich zurück

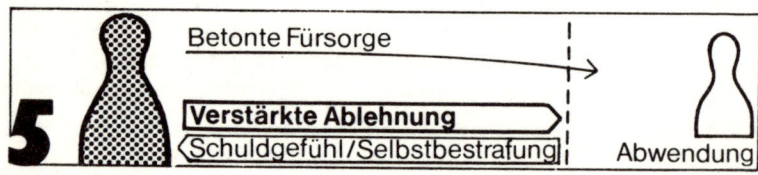

Das Kind überlegt nun: Wenn meine Liebe meine Mutter derart erschrickt und verärgert, dann ziehe ich mich zurück. Natürlich geschieht dieser Denkvorgang nicht bewußt. Es handelt sich ja um ein Kind! Aber die negative Wahrnehmung wird auf diese Weise dann als natürliche Reaktion verarbeitet.

Die Mutter aber kann sich mit der Abwendung des Kindes nicht zufrieden geben, das würde ja ihr schlechtes Gewissen noch mehr belasten. Also kommt es zu einer nächsten Stufe.

Bild 6: Reaktion der Mutter: Ich bin gut und du bist schlecht

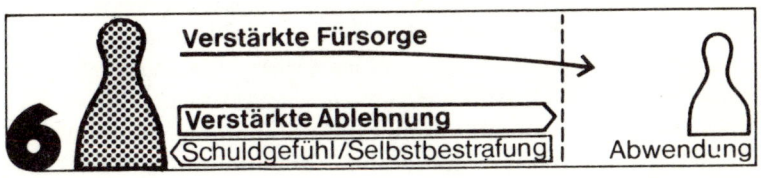

Sobald das Kind sich von der Mutter zurückgezogen hat, wächst das Schuldgefühl der Mutter. Um das verstärkt aufgetretene Schuldgefühl zu beschwichtigen, reagiert die Mutter nun ihrerseits enttäuscht und geschockt über die Abwendung des Kindes. Ja, sie bestraft das Kind und schilt es undankbar. So schiebt sie den schwarzen Peter dem Kind zu und klagt es an: Du bist ein böses Kind. Du liebst mich nicht. Ich habe dir so viel Gutes getan, und du wendest dich von mir ab. Du bist undankbar. Du hast es gar nicht verdient, daß ich mich so aufopfere.

Das Kind sitzt in der Klemme. Es ist hin und hergerissen. Es spürt die Ablehnung der Mutter und hört zugleich die Aufforderung zur Liebe. Es weiß einfach nicht, wie es sich verhalten soll. Es möchte nun am liebsten die Beziehung ganz abbrechen.

Bild 7: Das Kind in der Falle

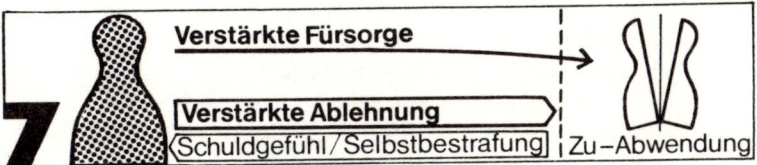

Aber auch dieser Versuch mißlingt dem Kind. Vielmehr wird es in das alte Konfliktfeld zurückgezerrt. Das Kind resigniert. Es weiß nicht mehr, wie es sich verhalten soll. Was immer es tut, wofür auch immer es sich entscheidet: es handelt falsch und wird dafür bestraft. Ob es sich ih Liebe der Mutter zuwendet – es wird bestraft; oder ob es sich von ihr abwendet – so wird es auch bestraft. Das Kind sitzt in der Falle. Es muß in einem Spannungsfeld aushalten, das unerträglich ist. Und gewöhnlich ist es so, daß dieses Kind dann zehn, zwanzig Jahre darin bleibt, und das vierundzwanzig Stunden Tag für Tag. Es lebt in einer Welt, in der das Ja kein ja und das Nein kein nein ist. Da das Kind nun keine andere Kommunikation gelernt hat – die Bindung war ja viel zu einengend, als daß ihm ein Lebensspielraum geblieben wäre, in dem es andere Kontakte hätte pflegen können – ist dieser Mechanismus sein Lebenselement geworden. Was dieser Mensch meint, sagt er nicht; und was er sagt, meint er nicht.

Es wird Jahre dauern, vielleicht ein Leben lang, bis eine neue Kommunikation erlernt worden ist. Nicht selten finden wir den soeben beschriebenen Mechanismus bei schizophrenen Menschen.

Meine Mutter ist eine Lügnerin

Ich erinnere mich an Wolfgang, der schon einige schizophrene Schübe hinter sich hatte. Seinen Vater hatte ich als ausgesprochen aggressiv kennengelernt, der sich grundsätzlich nicht um die Kinder gekümmert hat, vielmehr alles der Mutter überließ. In den Augen der Mutter war ihre Ehe eine einzige Fehlkalkulation. In dieser Weise äußerte sie sich auch in Gegenwart der Kinder. Und in der Tat lehnte der Vater die Mutter ab, ja, er verachtete sie und demütigte sie. Da die Mutter ihrem Mann gegenüber unterlegen und wehrlos war, übertrug sie alles, was an Haß und Ablehnung in ihr war, auf die Kinder, die ja seine Kinder waren.

Wolfgang berichtete mir, daß er niemals das Gefühl der Geborgenheit gehabt hätte und so etwas wie Liebe überhaupt nicht kennengelernt habe. Der christliche Glaube, zu dem beide Eltern sich bekannten, vermittelte weder Liebe noch Geborgenheit, sondern erschöpfte sich in harter Gesetzlichkeit. Wolfgang kannte seine Mutter nur schimpfend. Mit Scheltworten wurden die Kinder zur Arbeit angetrieben und zum Gehorsam gezwungen.

Die Kinder spürten sehr wohl, daß dahinter die Angst der Mutter stand, vom Vater noch mehr gedemütigt zu werden, wenn es mit den

Kindern nicht klappte. Die Ablehnung der Kinder hatte die Mutter nie deutlich ausgesprochen. Sie tat alles für die Kinder und war unermüdlich für sie besorgt. Aber sie fühlten sich nicht geliebt.

Bezeichnend war, was Wolfgang weiter berichtete: »Ich wollte mir außerhalb ein Zimmer nehmen. Das war die Hölle. Meine Mutter geriet derart in Panik, daß ich Angst bekam. Ich wollte unbedingt raus. Aber ich konnte nicht. Und was ich auch überlegte, ich konnte einfach nicht frei entscheiden. Ich fragte mich bei allem: Was würde Mutter dazu sagen? Und schon war ich wie gelähmt. Ich konnte nirgends ich selbst sein. Ich bin nichts als ein Produkt meiner Mutter. Und was mich bald wahnsinnig macht: Ich habe immer das Gefühl, daß sie etwas anderes meint, als sie sagt. Wenn sie sagt: Komm! So gibt sie mir das Gefühl: Geh! Und wenn ich in Urlaub will, so vermittelt sie mir ein schlechtes Gewissen, weil sie – wie sie meint – sich so etwas in ihrem Leben nie leisten konnte. Manchmal möchte ich ihr am liebsten entgegenschreien: Du Lügnerin! Aber ich habe keine Beweise. Sie würde sich sofort verteidigen und meine Vermutung von sich weisen.«

Aus dieser Familie wurden drei Kinder schizophren. Nur eine Tochter, die bei einer Tante aufgewachsen war, konnte sich normal entwickeln.

Wenn man die Eltern nun daraufhin anspricht, so weisen sie diese Tatsache weit von sich. Sie sind nicht fähig, die Wahrheit zu ertragen. Vielmehr gehen sie sofort zum Angriff über.

Eure Rede sei ja-ja, nein-nein

Wie sieht nun die Hilfe für Menschen aus, die in solch einer unsichtbaren inneren Verstrickung gefangen sind? Nun, zum Teil haben wir es schon angedeutet. In Matthäus 5,37 sagt Jesus: »Eure Rede sei ja-ja, nein-nein, und was darüber ist, das ist vom Bösen.« Jesus sagt das hier im Zusammenhang mit dem Schwören. Beim Schwören soll ja eine Aussage durch die Inanspruchnahme einer anderen Autorität unterstrichen werden. Und schon das lehnt Jesus ab. Unsere Rede soll vielmehr so klar und unmißverständlich sein, daß wir keine fremde Autorität heranzuziehen brauchen, um unser Ziel zu erreichen. Wenn wir andere Menschen überzeugen wollen, dann sollen wir das durch unser durchsichtiges, unmißverständliches Wesen tun.

An dieser Aussage Jesu sollten wir uns ganz neu orientieren und unser Verhalten daran überprüfen. Und wenn wir es nicht gewohnt sind, auf eindeutige Weise miteinander umzugehen, dann müssen wir es üben. Und je größere Fortschritte wir dabei machen, desto besser werden wir verstanden.

Mein Reden muß sich mit dem decken, was ich meine, denke und empfinde.

Sicherlich müssen wir dann noch an der Art, wie wir unsere Ansichten äußern, feilen. Auch gibt es Situationen, die es nicht angebracht sein lassen, das zu sagen, was man denkt. Oft muß der richtige Zeitpunkt abgepaßt werden, die Zeit für einen ehrlichen Austausch reif sein, sonst zerstören wir mehr als wir aufbauen.

Ihr Heuchler . . .

Woher kommt es, daß gerade wir Christen oft als Heuchler verschrien sind? Ist es nicht darum, weil wir so oft andere zu täuschen versuchen und ihnen mit Worten ein Leben zeigen, das nicht unserem Sein entspricht? Bemühen wir uns mit frommen Worten, andere über unser fehlerhaftes Leben hinwegzutäuschen? Warum nehmen wir Worte der Bibel in den Mund, um andere zu lehren, wenn die gleichen Bibelworte in unserem Leben keine Veränderung bewirkt haben? Versuchen wir, ein christliches Idealbild aufrecht zu erhalten, das sich nicht mit unserem Verhalten deckt?

Wir sollen ehrlich zueinander sein; ehrlich vor einander und ehrlich vor Gott.

III. Kapitel

Vergleichsdenken

1. Selbstunsicherheit

Ich will nicht enttäuscht werden

Wir alle kennen Menschen, die als ausgesprochen schüchtern bezeichnet werden können. Sie sind sehr zurückhaltend, sprechen wenig und stehen immer am Rande einer Gemeinschaft. Sie wagen nicht, von sich aus Kontakt mit anderen Menschen aufzunehmen. Und wenn ihnen ein Angebot gemacht wird, so gehen sie kaum oder nur sehr zögernd darauf ein. Ihre ganze Haltung ist reserviert und auf Abstand bedacht. Und niemand weiß, wie er diese Trennwand überspringen soll.

Der Umgang mit diesen Menschen ist nicht leicht. Ihre scheinbare Teilnahmslosigkeit ist wie ein unterdrückter Hilferuf, als warteten sie darauf, daß jemand kommt, der sie gewinnt. Aber sie sind nicht bereit, von sich aus einen Beitrag zu leisten. So bleibt der Kontakt oberflächlich, obschon in ihnen eine große Sehnsucht nach Gemeinschaft vorhanden ist.

Der Selbstunsichere sucht jemanden, dem er sich ganz anvertrauen, dem er sich ganz hingeben kann. Aber die Angst ist zu groß; die Angst, enttäuscht zu werden. Und diese Angst lähmt ihn derart, daß es ihm unmöglich ist, aus seiner Distanz herauszukommen.

Was steckt dahinter?

Häufig steht hinter dieser Selbstunsicherheit eine überstarke Bindung, in der dieser Mensch immer als unmündiges Kind behandelt worden ist. Diese Bindung war so stark, daß er sich nicht daraus befreien konnte, allein in der Rolle eines Kindes konnte er bestehen. Jeder Versuch, erwachsen zu werden, wurde sogleich niedergedrückt.

Diese Bindung kann durch ständige Demütigungen geprägt sein: Es mag sein, daß dieses Kind von seinem überstarken Vater immer wieder zurückgehalten wurde mit der Begründung: »Das schaffst du nicht, das überlaß besser mir!« Bei jeder Gelegenheit demonstrierte der Vater seine Überlegenheit und stempelte sein Kind als Versager.

Alles, was es leistet, ist in den Augen seines Vaters – und dann auch in den eigenen Augen – nichts wert. Es kann nichts, taugt zu nichts. So wurde es ihm immer eingeredet. Und jetzt sucht es unbewußt jedesmal eine Bestätigung für dieses negative Bild. Wenn dann wirklich jemand ein anerkennendes Wort findet, wird der so Selbstunsichere noch mehr verunsichert, da er auf den Augenblick wartet, wo man seine Unfähigkeit durchschaut.

Die Bindung kann aber auch durch Verwöhnung gefestigt worden sein: Die Mutter begleitete ihr Kind stets in übertriebener Fürsorge und nahm ihm jegliche Belastung und jede Verantwortung ab. Sie bediente es, ohne je von ihm eine Leistung zu erwarten. Es hieß stets: »Du brauchst das nicht zu machen, ich mache das schon für dich . . .«

Schließlich kann diese Bindung durch ständige Einschüchterung hervorgerufen worden sein: Das Kind wurde von den Eltern stets ermahnt, um keinen Preis aufzufallen und nur nichts zu tun, was den Nachbarn aufregen oder irgendjemandem mißfallen könnte.

Vielleicht wurden auch andere Kinder als Muster vorgeführt, die die eigenen Kinder in den Schatten stellten und zu einer Verhaltensänderung anspornen sollten. Auf jeden Fall lebte dieses Kind unter einem starken Druck, der es ihm nicht erlaubte, so zu sein, wie es war. Und im Laufe der Jahre wurde dann aus diesem Kind ein seelisch verkrüppelter Mensch ohne Eigeninitiative, ein Mensch, der ohne Maßstab geblieben ist, auch ohne Kenntnis der eigenen Möglichkeiten, da er sie nie selbständig erproben konnte.

Wer bin ich?

In der sogenannten Pubertät oder auch Vorpubertät fing er an, sich mit Gleichaltrigen zu vergleichen, und stellte fest, daß sie vitaler, unternehmungslustiger, wagefreudiger sind als er. Nach diesem deprimierenden Resultat zieht er sich mit dem Gefühl zurück, den Anschluß verpaßt zu haben. Er hat Angst, erwachsen zu werden, Angst vor dem Mündigsein. Er kommt – aufgrund des elterlichen Verhaltens – zu dem Schluß, lieber erst gar nicht erwachsen zu werden, und begründet diesen Entschluß damit: »Wenn ihr mich als Kind behalten wollt, dann bleibe ich eben Kind.« Das ist auch viel bequemer. So bleibt dann dieser Mensch halb aus Protest und halb aus Resignation ein hilfloses, braves, unauffälliges Kind.

Wenn er aber in das Berufsalter kommt, wird es ihm nicht erlaubt, noch länger Kind zu bleiben. Er muß eine altersentsprechende Leistung vorweisen und auch sein Verhalten anpassen. Und hier entsteht dann eine Diskrepanz. Jetzt möchte er – aber jetzt kann er nicht. So isoliert er sich. Er bringt es nicht fertig, sich so zu verhalten, wie es von ihm erwartet wird. Und nicht wenige suchen in diesem Status Hilfe bei einem Therapeuten.

Ihr müßt mir geben . . .

Elke kam in Begleitung ihrer Eltern wegen einer extremen Kontaktschwäche zu mir. Die Mutter berichtete, während Elke stumm dasaß, als ginge sie das alles gar nichts an. Von jeher hatte ihre Mutter ihr alles abgenommen, jede Entscheidung, jede Verantwortung, jede Belastung. So blieb Elke wie ein Säugling, dem alles eßfertig gereicht wurde. Das war für sie selbstverständlich. Mit dieser Erwartung saß sie auch in der Schule, und mit dieser Erwartung kam sie jetzt zu mir. Die Mutter, eine lautstarke, impulsive Persönlichkeit, mußte innerhalb der Familie stets im Mittelpunkt stehen. Der Vater trat kaum in Erscheinung. Mit ihrer Art verstand es die Mutter, die ganze Familie zu tyrannisieren. Es mußte alles nach ihrem Willen ablaufen, andernfalls reagierte sie mit Gallenkoliken.

Diesen Mechanismus hatte Elke bald durchschaut, aber offensichtlich war es ihr zu lästig, sich in einer Problemsituation zu behaupten. So blieb sie zurückgezogen, passiv, stumm. Sie stand gerade im Abitur. Da versagte sie. Sie hatte Angst vor jeder Kontaktaufnahme. Auch hätte sie nicht einmal gewußt, worüber sie sich unterhalten sollte. Ihr fehlte der Gesprächsstoff. Und wenn ihr eine Arbeit aufgetragen wurde, entzog sie sich mit dem Argument: »Ich bin doch krank!« Allein ihr Kranksein gab ihr die Berechtigung, so zu bleiben, wie sie war. Das war zwar bequem – aber nicht befriedigend. Sie war tief unglücklich.

Bezeichnend war das Verhalten der Mutter. Erregt und überbesorgt umgab sie ihre Tochter und drang ständig auf sie ein: »Geht es dir nicht gut, mein Liebling?« Und schließlich vorwurfsvoll an mich gewandt: »Sehen Sie das denn nicht, Herr Doktor, es geht ihr nicht gut. So tun Sie doch was für mein Kind!«

Hinter der Fassade

Neben diesen extrem schüchternen Menschen finden wir häufig aber auch andere, die nach außen hin sehr selbstsicher auftreten und sehr dominierend wirken. Unter Umständen beherrscht dieser Mensch die ganze Umgebung und zwingt ihr Bewunderung ab. Was ihm vor die Füße kommt, packt er an. Und mit seinem lauten Wesen drängt er andere in den Hintergrund – bis wir eines Tages ganz erstaunt feststellen, wie selbstunsicher im Grunde dieser Mensch ist, voller Angst und Einsamkeit, voller Minderwertigkeitsgefühle.

Ähnlich wie bei dem Schüchternen kann auch hier eine überstarke Bindung vorausgegangen sein, aus der der Betreffende sich noch immer nicht ganz befreien konnte. Aber er wehrt sich mit ganzer Kraft dagegen. Doch zugleich fürchtet er: »Wenn ich mich zeige, wie ich in Wirklichkeit bin, werde ich von dieser Person aufgefressen.« So handelt er nach dem Motto: Lieber fressen, als gefressen werden. Das laute, selbstbewußte Auftreten ist lediglich sein Schutz, hinter dem er sein eigentliches Wesen verbirgt. Und so kann das ganze Leben zu einem Versteckspiel werden.

Die Hauptmerkmale eines selbstunsicheren Menschen

Zusammenfassend können vier Hauptmerkmale einer selbstunsicheren Persönlichkeit genannt werden:

– *Die Unfähigkeit, Verantwortung zu übernehmen.* Diese Menschen sind zutiefst unselbständig, auf den anderen bezogen und abhängig von der Meinung anderer, so daß sie nicht tragfähig sind.

– *Sie lehnen sich selbst ab.* Sie können ihr Sein-Bild nicht akzeptieren, spüren aber auch sehr wohl, daß sie ihrem Soll-Bild nicht entsprechen. Dieses Mißverhältnis ruft dann eine Unsicherheit hervor, in die sie nur tiefer hineingeraten, je mehr sie versuchen, dagegen anzukämpfen. Sie befinden sich in einem Käfig, aus dem sie sich heraussehnen; aber zugleich wissen sie, daß sie ohne diesen schützenden Käfig verloren sind.

– *Sie können sich nicht entscheiden.* Die Furcht, auf etwas verzichten zu müssen, ist so stark, daß sie nicht wählen können. Sie möchten alles – oder nichts.

– *Sie leben in einer fordernden Erwartungshaltung.* Sie sind nicht fähig zu geben. Und wenn sie versagen, wissen sie schnell irgend jemanden für dieses ihr Versagen verantwortlich zu machen.

Wie arbeite ich an mir selbst?

Die Lösung dieser ganzen Problematik *liegt* einmal *in der Selbstannahme und dem Wissen: Ich bin einmalig!* Zum andern darin, *verantwortlich da zu sein.* Hatten wir bis dahin gemeint, ein anderer sei für unser Leben verantwortlich, so müssen wir jetzt erkennen, daß niemand Verantwortung für uns trägt, sondern daß wir selbst gefragt sind.

Und schließlich muß eine neue Einstellung zum Leben gefunden werden. Ich bin nun nicht mehr Gegenstand der Fürsorge anderer, die sich oft vergebens um mich bemühen, vielmehr sehe ich eine Aufgabe darin, andern mit der Gabe zu dienen, die mir anvertraut ist. Ich habe Gaben empfangen. Und ich kann etwas tun, was von keinem sonst getan werden kann.

Das Leben ist kein Besitz, über den ich frei verfüge, den ich also auch nach meinem Belieben verwildern lassen kann; sondern es ist mir anvertraut, damit ich etwas daraus mache.

Sodann müssen wir lernen, bewußt eine eigene Entscheidung zu treffen, ohne dabei von der Meinung der anderen abhängig zu sein. Das ist nicht leicht. Und doch müssen wir hier anfangen, selbst auf die Gefahr hin, daß unsere Entscheidung nicht immer richtig ist. Aber das sollte uns nicht zurückschrecken. Niemand ist vollkommen. Jeder von uns kann eine Fehlentscheidung treffen. Das aber ist immer noch besser, als unser Leben von anderen Menschen bestimmen zu lassen. Und außerdem lernt man aus solchen Fehlentscheidungen. Mit jedem Mal wird es dann leichter, bis es uns selbstverständlich geworden ist, eigene Entscheidungen zu treffen.

In der Bibel werden wir immer wieder zur Entscheidung herausgefordert; entscheiden kann aber nur eine freie Persönlichkeit. Gott will keine Marionetten. Er hat uns als freie Menschen erschaffen. Und als solche spricht er uns an. Und wenn Jesus sagt: »Siehe, ich stehe vor der Tür und klopfe an . . .« (Offb 3,20), so heißt das nicht, daß er die Tür mit Gewalt aufbricht, um sich Einlaß zu verschaffen. Nein, er achtet unsere Persönlichkeit und unsere Entscheidung, denn es heißt weiter: » . . . wenn jemand mir die Tür auftut, bei dem werde ich einkehren und Gemeinschaft mit ihm haben . . .«

Ich bin jemand

Herr X. arbeitete als Angestellter. Seine Hemmungen, die seinem überstarken Minderwertigkeitsgefühl entsprangen, machten das Leben zu Hause und am Arbeitsplatz derart problematisch, daß er von keinem ernst genommen wurde. Er brachte es einfach nicht fertig, eine Entscheidung zu treffen. So zog er sich immer mehr zurück und überließ zu Hause jede Entscheidung seiner Frau und am Arbeitsplatz seinen Kollegen. Nun kam als Schwierigkeit hinzu, daß er einen sehr durchsetzungsfähigen Vorgesetzten hatte. Dadurch sah er sich wieder in seine alte Kindesrolle zurückversetzt und resignierte. Nach und nach wurde ihm jegliche Verantwortung abgenommen. Desto mehr zog er sich zurück und desto mehr verkrampfte er sich. Schließlich sah man keine andere Möglichkeit, als ihm den Arbeitsplatz zu kündigen.

Jetzt stand er vor der Wahl, entweder völlig zu resignieren und dem alten Schema recht zu geben: du kannst nichts, du taugst zu nichts – oder aber den Schritt zu wagen und seine Meinung zu vertreten, selbst auf die Gefahr hin, daß er mißverstanden wurde.

Was hatte er noch zu verlieren? Zu Hause war er weder als Mann noch als Vater geachtet, und an seinem Arbeitsplatz ging man ihm aus dem Weg. Ja, man nahm ihn nicht einmal ernst. Er wußte, daß seine Kollegen über ihn lächelten.

Während einer Betriebsbesprechung tat er zum ersten Mal seinen Mund auf, zwar, wie er mir berichtete, zitternd und voller Angst. Seine Worte wirkten jedoch wie ein Schock auf die Kollegen. Und da die Argumente, die er vorbrachte, sogar akzeptabel waren, kamen die Kollegen auf ihn zu, um über weitere Einzelheiten mit ihm zu sprechen. Plötzlich merkte Herr X., daß sein Beitrag geschätzt war und Anerkennung fand. Das ermutigte ihn, von jetzt an mit Interesse seine berufliche Aufgabe zu verfolgen.

Allmählich änderte sich die gesamte Situation. Die Kündigung wurde zurückgezogen.

Dieses Erfolgserlebnis hat in Herrn X. eine Wandlung vollbracht. Das spürte auch seine Familie.

Plötzlich erkannte er seine Funktion als Haupt der Familie. Zunächst war seine Frau über das veränderte Verhalten irritiert; aber dann überzeugte er sie durch sein Auftreten und gewann so Schritt um Schritt an Raum. Das war ein Prozeß über Jahre hin. Und natürlich gab es auch hier und da Rückschläge. Doch er war fest entschlossen, sich nicht wieder in das alte Muster einfangen zu lassen. Und diese bewußte Entscheidung hat ihm geholfen, ein verändertes Leben zu führen, das für ihn voll ungeahnter Möglichkeiten war.

2. Minderwertigkeitsgefühle

Ich gefalle mir nicht

Da kommt eine etwa 25jährige Frau zu mir und klagt über ihre vorstehenden Backenknochen, die ihr – wie sie meint – ein abstoßendes Aussehen verleihen. Zunächst hätte sie an eine kosmetische Operation gedacht, als sie dann aber die Höhe der Kosten erfuhr, sei sie davor zurückgeschreckt. Schließlich hatte ihr eine Kollegin geraten, doch einen Nervenarzt aufzusuchen. So kam sie zu mir.

Als ich ihr wahrheitsgetreu versicherte, nichts Auffälliges in ihrem Gesicht zu bemerken, hörte sie einfach darüber hinweg und berichtete:

»Ich bin durch diese Sache so verunsichert, daß ich Angst habe, unter Menschen zu gehen. Ich halte das nicht mehr aus. Wenn ich nur zum Einkaufen will, habe ich den Eindruck, andere würden sich wegen meines Aussehens nach mir umdrehen. Ich fühle mich dadurch so verunstaltet.«

Ich fragte sie nach ihrem Vater. Und offensichtlich hatte ich ihre wunde Stelle getroffen, denn sie wurde rot. Dann kam es zögernd heraus:

»Es ist komisch, aber ich werde immer nach meinem Vater gefragt. Mein Vater hätte gerne etwas gelernt, wie er immer wieder betont; aber er hatte damals keine Möglichkeit dazu. Zuerst war er eingezogen worden, dann in Gefangenschaft geraten, und dann kamen die Kinder. Ich war seine ganze Hoffnung und durfte studieren. ›Du sollst einmal das werden, was ich nicht werden konnte‹, sagte er immer.«

Ich fragte nun weiter nach ihrem Ehemann und erfuhr, daß er ohne Beruf sei und nur gelegentlich arbeitete. Aber sogleich lenkte sie ab und kam wieder auf ihr Aussehen zu sprechen. Schließlich unterbrach ich sie und sagte:

»Nicht Ihr Aussehen ist Ihr Problem. Sie sind einem Selbstbetrug zum Opfer gefallen. Sie meinen, etwas verstecken zu müssen.«

Und dann berichtete sie:

»Ich hatte einen Bekannten, der war Studienrat. Aber sooft wir uns trafen, fühlte ich mich ihm unterlegen. Und das konnte ich nicht ertragen. Ich hatte zudem immer das Gefühl, vor ihm etwas verstecken zu müssen und ihm etwas vorzumachen. Ich war sehr redselig und immer bemüht, ihn abzulenken. Ich hatte eine wahnsinnige

Angst, er könnte meine Eltern kennenlernen und erfahren, aus welchem Milieu ich komme. Ich hatte das Gefühl, ihm nichts bieten zu können, und so habe ich die Freundschaft wieder gelöst. Dann lernte ich meinen jetzigen Mann kennen, und wir heirateten sehr bald. Damals war mir die Sache mit meinem Gesicht noch gar nicht aufgefallen; aber als ich mich eines Tages im Spiegel betrachtete, fand ich mich abstoßend häßlich. Und seitdem habe ich Angst, mich auf der Straße blicken zu lassen.«

Haben oder Sein

Diese junge Frau fühlte sich wegen ihrer Herkunft minderwertig. Sie schämte sich ihrer Eltern. Schon als Schülerin beneidete sie alle, deren Väter einen Titel aufweisen konnten. Sie versuchte nun, durch eigene Leistung diesen Mangel auszugleichen. Sie wollte etwas erreichen, um in den Augen anderer nicht als minderwertig dazustehen. Aber sie konnte sich nie von ihrem familiären Hintergrund lösen. Um dieser scheinbaren Beschämung aus dem Wege zu gehen, flüchtete sie in eine Ehe mit einem Partner, dem sie bildungsmäßig überlegen war. Aber sie mußte feststellen, daß damit ihr Problem nur verwickelter geworden war.

Wir Menschen werden im allgemeinen von unserer Umgebung nach dem eingestuft, was wir haben, und daher meinen wir oft, unser Wert würde steigen durch das, was wir an Leistung, Schönheit oder Reichtum vorweisen können. Aber nicht unser Besitz macht den Wert unserer Persönlichkeit aus, weder Titel noch Bankkonto. Entscheidend ist nicht, was wir haben, sondern was wir sind. Unser eigentliches Wesen ist gefragt.

Ich will vollkommen sein

Minderwertigkeitsgefühle können zu den verschiedensten Störungen führen. Auch diejenigen, die meinen, alles perfekt ausführen zu müssen, sind im Grunde Sklaven ihres Minderwertigkeitsgefühls. Sie können nur sehr schlecht eine Arbeit liegen lassen. Sie werden u. U. von morgens bis abends von ihrem übersteigerten Pflichtbewußtsein getrieben. Sie sind ängstlich darauf bedacht, es jedem recht zu machen. Ihre Übergenauigkeit und peinliche Reinlichkeit kann bis zum Zwang gesteigert sein.

3. Ehrgeiz

Alles oder nichts

Menschen, die mit Minderwertigkeitsgefühlen zu tun haben, sind häufig auch sehr ehrgeizig, getrieben vom Vergleichsdenken. Leistung artet so zu Konkurrenzstreben aus; bei persönlichen Beziehungen haben wir es mit der Eifersucht zu tun. Doch betrachten wir zunächst den Ehrgeiz.

Ehrgeizige Menschen wollen Spitze sein – um jeden Preis. Wenn es ihnen nicht gelingt, in positiver Weise ihre Spitzenposition zu erreichen, dann in negativer. Sie sind dann nicht nur schwierig, sondern extrem schwierig. Es geht ihnen dann nicht nur schlecht, sondern extrem schlecht.

Als Bernd zu mir kam, war er gerade 17 Jahre alt. Die Ehe der Eltern wurde geschieden, als er noch ein kleines Kind war, weil seine Mutter stets andere Männer nach Hause brachte. So wurde er dem Vater zugesprochen, einem arbeitsamen, sehr geschickten Handwerker. Offensichtlich war Bernd handwerklich nicht sehr geschickt, so daß sein Vater, kaum daß Bernd ein Handwerkszeug anfaßte, es ihm wieder aus der Hand nahm mit den Worten: »Laß mich das machen, du schaffst das sowieso nicht.« Was immer Bernd anfing, diese Situation wiederholte sich überall. Im Laufe der Jahre dekompensierte* er. Aber auch in der Jugendpsychiatrie konnte ihm nicht geholfen werden. Sein Ideal war: mehr zu sein als sein Vater. Doch das gelang ihm nicht. Da es ihm nun unmöglich war, im Schatten seines Vaters zu stehen, wollte er ihm auf negative Weise zuvorkommen. Wenn er in seiner Geschicklichkeit nicht Spitze sein konnte, so doch in seiner Untauglichkeit. Und darin hatte er in der Tat Erfolg.

Er beschrieb nun in allen Einzelheiten, an welchen Krankheiten er schon gelitten habe und welche Beschwerden er jetzt aufweisen konnte. Er hatte dafür eine Art Tagebuch angelegt, in das er fein säuberlich alles eintrug. Schließlich sagte ich:

»Ich sehe, es geht Ihnen nicht nur schlecht, es geht Ihnen extrem schlecht. Vermutlich ist niemand in Ihrem ganzen Bekanntenkreis, dem es so schlecht geht wie ihnen. Aber das ist doch Ihr Ziel. Sie haben doch damit erreicht, was Sie wollten!«

Er sah mich verständnislos an und unternahm noch einmal einen

---

* versagte

Versuch, mir aufzuzählen, welche Ärzte und Seelsorger er bisher schon wegen seiner Beschwerden aufgesucht hatte. Es war eine beachtliche Liste bekannter und unbekannter Namen. Ich forderte ihn heraus und sagte:

»Ja, ich sehe, Sie sind stärker als jeder Therapeut. Das ist Ihr Triumph. Sie wollen ja gar nicht auf Ihre Beschwerden verzichten. Denn in dem Augenblick wären Sie ja unauffällig. Und davor fürchten Sie sich. Sie müssen zunächst einmal bereit sein, Ihren falschen Ehrgeiz aufzugeben. Sie wollen der Erste sein. Wenn Sie das nicht schaffen, ziehen Sie es vor, lieber der Letzte zu sein als der Zweite; denn der Letzte ist von hinten gesehen noch immer der Erste.«

Aber Bernd wollte ohne seine Krankheit nicht leben. All seine Kräfte setzte er ein, um sich mit seinen Beschwerden zu befassen. Er hatte nie Freunde. Nur Seelsorger, mit denen er über seine Krankheit sprach. Und so wurde schließlich seine Krankheit für ihn die einzige Kontaktmöglichkeit überhaupt.

4. Eifersucht

Der alte Traum

Als Frau M. hereinkam, hatte ich den Eindruck, als sei sie gekommen, um ihre Kraft mit mir zu messen. Sie war eine junge, attraktive Frau, gewandt im Ausdruck und davon überzeugt, daß sie ihr Gegenüber durch ihre Persönlichkeit beeindruckte. Entsprechend hatten auch ihre Bewegungen etwas Gezieltes, Beabsichtigtes. Ihr ganzes Auftreten war gewollt und ihre Wirkung vorausberechnet. Nicht ohne einen gewissen Stolz berichtete sie von ihrer zweijährigen analytisch-orientierten Psychotherapie, die jedoch nichts geholfen habe. Sie sei genauso unglücklich wie vorher, und die Beziehung zu ihrem Mann habe sich eher verschlechtert als verbessert.

»Sie sind sehr eifersüchtig«, sagte ich. »Aber ist es Ihnen auch bewußt, daß Sie mit Ihrer Eifersucht Ihren Mann einengen?«

Fast beleidigt meinte sie:

»Ich kann nicht anders. Es macht mich einfach rasend, wenn er sich auf der Straße nach einer anderen Frau umsieht.«

Ich bohrte weiter: »Brauchen Sie ständig jemanden, der Sie bewundert?«

»Ja. Sonst kann ich nicht leben. Ich brauche einen Menschen, der ganz für mich da ist. Ich kann den Gedanken nicht ertragen, eine untergeordnete Rolle zu spielen. Aus diesem Grunde habe ich auch einige Male schon eine Abtreibung vornehmen lassen.«

Wie aus ihrer Lebensgeschichte hervorging, wurde sie als Kind stets bewundert, bis sie eines Tages enttäuscht feststellen mußte, daß andere intelligenter waren und hübscher als sie. In dieser Zeit fing sie an schwierig zu werden. In ihrem Mann fand sie dann endlich wieder jemanden, der sie rückhaltlos bewunderte und vergötterte. Aber als dann im Laufe der Jahre diese Bewunderung und Verwöhnung allmählich nachließ, wurde sie zunehmend schwierig. Eine Weile gelang es ihr, durch ihr Gestörtsein wieder neu in den Mittelpunkt zu rücken, denn ihr Mann war dadurch gezwungen, sich ihr wieder ganz zu widmen. Er schickte sie zu namhaften Fachleuten; aber alles ohne Erfolg. Jeder Versuch, ihre Gesundheit wiederherzustellen, mußte fehlschlagen. Das würde ja bedeuten, daß sie ihre Spitzenfunktion aufgeben müßte. Aber gerade das wollte sie ja nicht. Darum sagte ich zu ihr:

»Wenn Sie jetzt wieder nach Hause gehen, werden Sie mit Genugtuung feststellen: Auch Dr. Horie konnte mir nicht helfen. Natürlich nicht, denn es wäre für Sie eine Niederlage, und wie könnten Sie die einstecken! Sie versuchen doch alles, um ihren alten Traum der Prinzessin weiterzuträumen und ihren alten Thron zurückzugewinnen.«

Sie schwieg. Erst nach einer ganzen Weile sagte sie:

»Ich glaube, Sie haben den Kern getroffen. Ich werde plötzlich so müde. Und jedesmal, wenn mir jemand die Wahrheit sagt, werde ich müde und möchte am liebsten schlafen.«

Kain ist nicht tot

Schon auf den ersten Blättern der Bibel wird uns von Menschen berichtet, die durch das Problem der Eifersucht sich selbst und andere in tiefstes Unglück gestoßen haben. So ist Kain von jeher der Prototyp eines eifersüchtigen Menschen.

Wie in Genesis 4 geschildert wird, sind eifersüchtige Menschen völlig gefangen und beherrscht von dem bohrenden Gefühl, sich Anerkennung verschaffen zu müssen – um jeden Preis. Sie leben mit dem Verdacht, nicht genug zu leisten, und das, was sie tun, nicht richtig zu tun.

Da Eifersucht nicht nur für den Betreffenden selbst als quälend empfunden wird, sondern auch für denjenigen, der Objekt dieser Eifersucht ist, kann die zwischenmenschliche Beziehung nur gesunden, wenn der Eifersüchtige sich seinem Problem ehrlich stellt und aufhört, sich mit dem anderen zu messen.

Eifersucht, Neid, Geltungsdrang, Minderwertigkeitsgefühle – all diese Eigenschaften haben ihre gemeinsame Wurzel im Vergleichs-denken.

Dem Eifersüchtigen fehlt das gesunde Selbstwertgefühl, das Be-wußtsein der Einmaligkeit, das Wissen, daß er durch keinen anderen ersetzt werden kann. Stattdessen bietet er alles auf, um sich in den Vordergrund zu schieben, scheut keinen Kampf, um dies zu errei-chen. Er wird solange kämpfen, bis er das Bewußtsein hat, einen an-deren übertroffen zu haben. Aber selbst dann kann er nicht zur Ruhe kommen, denn schon fürchtet er, von seinem Thron wieder ver-drängt zu werden. Dieses quälende Vorwärtsdrängen gibt seinem Le-ben etwas Gehetztes, Unstetes. Er kann nicht entspannt loslassen. Vielmehr befindet er sich ständig auf der Lauer. Bis in alle Fasern hinein lebt er gespannt und ist dabei zumeist tief unbefriedigt und unglücklich.

Hauptmerkmale eines eifersüchtigen Menschen

Zusammenfassend lassen sich einige Hauptmerkmale einer eifer-süchtigen Persönlichkeit aufstellen:

– *unstillbares Verlangen, im Mittelpunkt zu stehen.* Der Eifer-süchtige kann den Gedanken nicht verkraften, nur einer unter vielen zu sein. Er meint ständig, seine Unübertrefflichkeit demonstrieren zu müssen.

– *Besitzstreben.* Der Eifersüchtige will einen anderen in seinen Alleinbesitz zwingen. Er kann sich aber seines Besitzes nie erfreuen, da er ständig um Nebenbuhler fürchten muß.

– *Überempfindlichkeit.* Der Eifersüchtige fühlt sich leicht ange-griffen und befindet sich daher stets in Abwehrstellung. Er kann keine Kritik vertragen und hat Angst, bloßgestellt zu werden. So be-rechnet er lieber die Reaktion des andern im voraus und vermeidet al-les, was das Mißfallen des andern erregen könnte. Wenn es trotzdem geschieht, so kann er das Gesagte schnell wieder zurücknehmen und es neu formulieren.

– *Mißtrauen.* Weil der Eifersüchtige keinem andern traut, drängt er sich selbst in die Isolation. Er bleibt am Rande, so sehr er auch da-nach strebt, selbst Zentrum zu sein.

– *Märtyrerspiel.* Wenn es ihm nicht gelingt, die Anerkennung und Aufmerksamkeit zu erzielen, die er meint, verdient zu haben, so gibt er sich dem Schmerz seiner Enttäuschung hin und sucht – wenn auch oft unbewußt – darin Befriedigung.

Weil du mir so wertvoll bist . . .

Die Eifersucht ist zumeist so tief in einem Menschen verwurzelt, daß sie schon als Charakter bezeichnet werden kann. Aber dennoch ist sie kein unabänderliches Schicksal, mit dem der Betreffende sich abzufinden hätte. Wenn jemand unter seiner Eifersucht leidet und nach einem Weg sucht, von ihr frei zu kommen, so kann ihm die Bibel diesen Weg zeigen.

Das Grundübel eines Eifersüchtigen liegt darin, daß er sich nicht genügend geliebt glaubt. Und er fordert ein Maß an Liebe, das ihm kein Mensch in dieser Ausschließlichkeit geben kann.

Aber gerade das ist das Thema der Bibel. Wir brauchen nur ein Wort aus dem Propheten Jesaja zu zitieren: »Weil du so wertvoll bist in meinen Augen . . . und ich dich lieb habe . . .« (Jes. 43,4). Und wenn wir im NT von dem Leben und Sterben Jesu lesen, so wird es noch deutlicher, daß hier nicht nur von einer Kollektivliebe die Rede ist, sondern daß Gott als Vater so sehr an uns interessiert ist, daß er sogar unsere Haare auf dem Haupte gezählt hat! (Matth. 10,30) Ja, wir bedeuten ihm so viel, daß er nicht einmal vor dem größten Opfer zurückschreckte, um uns zu gewinnen.

Wir sind wertvoll in den Augen Gottes. Niemand kann uns diesen Platz streitig machen, denn »ich bin gewiß, daß weder Tod noch Leben, weder Engel noch Fürstentümer noch Gewalten, weder Gegenwärtiges noch Zukünftiges, weder Hohes noch Tiefes noch irgend eine Kreatur uns zu scheiden vermag von der Liebe Gottes, die in Christus Jesus ist, unserem Herrn« (Rö 8,35–39).

Das zu wissen, führt zur Gelassenheit und inneren Ruhe. Jetzt kann ich entspannt aufatmen und muß nicht länger um meine Position kämpfen.

Wenn wir uns von Gott angenommen wissen, fällt es uns leichter, uns selbst anzunehmen. Wir können sein, was wir sind, ohne einem Phantombild von uns nachjagen zu müssen, das wir doch nie erreichen. So werden wir frei für andere Aufgaben, die nicht von der Angst um unseren Stellenwert bestimmt sind.

Wer sich so geliebt weiß, der braucht nicht mehr ängstlich zu messen, ob er auch das Maß an Liebe erhalten hat, das ihm nach seiner Rechnung zustehen müßte, sondern der *wird frei, auch andere zu lieben.*

IV. Kapitel

Zwischen Hybris und Resignation

1. Sucht*

Auf der Flucht

Durch das Überangebot und die Superlative der Reize hat es der junge Heranwachsende heute nicht leicht, sich zu orientieren. Materielle Güter hat er im allgemeinen bereits bis zum Überdruß genossen, auch sexuelle Erlebnisse befriedigen ihn nicht mehr. So greift er nach immer stärkeren Reizen und hofft endlich, im Methaphysischen das zu finden, was seinem Dasein einen Sinn verleiht. So greifen viele junge Menschen heute zur Droge oder zum Alkohol und begeben sich damit in Fänge, aus denen sie sich oft genug ihr Leben lang nicht mehr befreien können.

Als Ingrid zu mir kam, war sie 18 Jahre alt. Ihre Schulleistungen hatten in den letzten zwei Jahren so nachgelassen, daß sie inzwischen eine Klasse wiederholen mußte. Sie lebte zurückgezogen und hatte keine Freunde. Sie lief wie ein Schatten umher. Eines Tages unternahm sie einen Selbstmordversuch.

Es stellte sich heraus, daß die Ehe der Eltern nicht gut war. Die Mutter fühlte sich vom Vater nicht akzeptiert und attackierte ihn deshalb, sei es offen oder versteckt. Der Vater suchte einen Ausweg in der Flucht und war fast ständig auf Dienstreisen. Wenn er dann – manchmal nach Wochen – wieder nach Hause kam, zog er sich sogleich auf sein Zimmer zurück, um zu arbeiten oder zu trinken. Die verzweifelte Mutter versuchte daraufhin, die Tochter an sich zu binden. Sie tat alles für sie, erfüllte ihr jeden nur denkbaren Wunsch, nahm ihr jede Arbeit und Verantwortung ab. Sie besprach alles mit ihr und suchte jetzt in ihrer Tochter einen Verbündeten, um eine gemeinsame Front gegen den Vater aufzubauen.

Als das Mädchen dies Verhältnis etwas bewußter zu beobachten begann, geriet es in einen inneren Konflikt. Die übertriebene Liebe der Mutter verpflichtete Ingrid, deren Erwartung als Mitkämpfer zu entsprechen. Nur auf dieser Basis war die Mutter zugänglich. Da In-

---

* In diesem Rahmen kann das Drogenproblem nicht ausführlich behandelt werden

grid es einfach nicht riskieren konnte, ihre Gefühle zu äußern, wurde sie der Mutter gegenüber schweigsamer. Zum Vater durfte sie ja ohnehin keine Beziehung aufnehmen.

Eines Tages jedoch wagte sie es, sich der Mutter entgegen zu stellen, woraufhin diese fassungslos und empört reagierte. Die Tochter war nun völlig isoliert und suchte Zuflucht in Drogen.

Als das die Eltern erfuhren, schlossen sie sich zusammen, um jetzt gemeinsam ihre Tochter zu bekämpfen. Ingrid geriet immer tiefer in die Verstrickung. Sie wurde zunehmend depressiv, bis es dann eines Tages zu dem oben erwähnten Selbstmordversuch kam.

Interessen und Hintergründe

Bei einer von mir durchgeführten Befragung von etwa hundert jugendlichen Rauschmittelkonsumenten, die infolge ihrer Sucht in ein Landeskrankenhaus aufgenommen werden mußten, stellte ich fest, daß fast alle in einer auffallenden Bindungs- und Beziehungslosigkeit zur Umwelt lebten. Sie zeigten weder an politischen noch gesellschaftlichen Fragen Interesse, und ebenso passiv verhielten sie sich im Bezug auf die Freizeitgestaltung. Lediglich »Beat« und »Frauen« konnten sie aus ihrer Reserve locken. Bei einer vergleichsweise durchgeführten Schülerbefragung kam jedoch ein sehr lebhaftes Interesse an der Umwelt zum Ausdruck. Dieses Interesse reichte von der Kritik an gesellschaftlichen Problemen bis hin zu dem Wunsch nach sozialem Engagement. Ebenso farbig war die Freizeitgestaltung.

Als ich dann dem familiären Hintergrund bei den Dorgenabhängigen nachging, zeigte es sich, daß fast alle eine irgendwie gestörte Familiensituation aufwiesen. Lediglich bei einem erschien der familiäre Hintergrund intakt. Alle anderen kamen entweder aus nicht-vollständigen Familien, d. h. die Eltern waren entweder geschieden oder lebten getrennt oder ein Elternteil war gestorben, oder die Familien waren zwar vollständig, mußten jedoch in irgendeiner Weise als auffällig bezeichnet werden, sei es durch übermäßigen Alkoholabusus oder ständige Ehezerwürfnisse.

Was bietet der Rausch?

Die Rauscherlebnisse waren zumeist für die Betreffenden sehr enttäuschend. Einige der Halluzinogen-Konsumenten, also solche, die lediglich Haschisch oder LSD nahmen, konnten bei dem ersten Versuch eine Euphorie mit Entspannung angeben, dafür aber berichteten andere von panischen Angstzuständen (Horrortrip) oder depressiven Verstimmungen mit leerem Gefühl. Die Mehrzahl der Konsumenten gab an, daß bei späteren Versuchen panische Angstgefühle oder quälende Traurigkeit häufiger auftraten, oder daß sie sich an schlechte Kindheitserlebnisse erinnert hätten. Beim Abklingen des direkten Rauschzustandes erlebten die meisten Ermattung, Trägheit, Lustlosigkeit, Schwindel, Katerstimmung, Depression. Wiederholt kam zum Ausdruck, daß die Realität schlimmer gewesen sei als zuvor, so daß sie schnell zum nächsten Halluzinogen-Konsum übergegangen seien, in der Hoffnung, durch eine erneute Rauschreise eine schönere Welt kennenzulernen.

Mehr als 75% derjenigen, die zunächst Halluzinogen konsumiert hatten, stiegen dann im Laufe der Zeit von Haschisch und LSD auf sogenannte »härtere Drogen« um wie Heroin, Opiate und synthetische Betäubungsmittel.

Wie kommt es zur Sucht?

Nach Angaben etlicher Konsumenten haben dazu wesentlich äußere Einflüsse beigetragen wie

— *Angebot durch Freunde*
— *Versuch, die nachteilige Wirkung des vorhergehenden Mittels aufzuheben*, z. B. Horrortrip durch Opiate zu beseitigen, und Müdigkeit, die durch Halluzinogene entstanden war, durch Weckamine zu beheben.
— *Das Verlangen nach stärkerer Wirkung*, nachdem die vorhergehenden Rauschmittel nicht mehr wirksam genug erschienen.
— *Das Gefühl, mitmachen zu müssen*. Sie wollten nicht das Ansehen in der Gruppe verlieren und abseits stehen.

Im allgemeinen jedoch hatten die jungen Leute Schwierigkeiten, ihre eigentlichen Motive zu formulieren. Nur etwa die Hälfte der Konsumenten gab an, was sie zum ersten Drogenkonsum bewogen hat. Verständlicherweise konnte hier keine eindeutige Motivierung genannt werden, da häufig mehrere Motive als ursächlich angesehen werden müssen.

Zusammenfassend können folgende Punkte herausgestellt werden:
— *Neugierde*. Etwa ein Drittel der Konsumenten begann mit

Rauschmitteln, um etwas Außergewöhnliches wie Bewußtseinserweiterung oder Halluzinationen zu erleben.

– *Verführung*. Etliche gaben an, von Freunden und Bekannten, die von ihren Erfahrungen berichteten, zum Mitmachen aufgefordert worden zu sein. Um nicht zurückzustehen, sondern ›in‹ zu sein, d. h. mitreden zu können, suchten sie dann eigene Drogenerfahrung.

– *Selbstbehandlung*, um Depressionen zu überwinden oder Kontaktschwierigkeiten zu beseitigen, durch die sie sich unfähig fühlten, sich der Gesellschaft einzugliedern. Sie fühlten sich isoliert, ohne Bindung und Halt. Erst im euphorischen Zustand erlebten sie, wie gesellig sie sein können. Um diesen Zustand dann zu erhalten, wurde der Drogenkonsum fortgesetzt.

– *Verlangen nach Selbsterfassung*. Einige Konsumenten gaben an, den Sinn des Lebens gesucht zu haben. Sie hatten gehofft, durch Rauschmittel eine Antwort zu bekommen.

– *Protest*. Einige der Konsumenten kamen aus Trinkerfamilien und wollten durch den Rauschmittelkonsum demonstrieren, daß Rauschmittel edler und nützlicher seien als Alkohol, dessen Nachteile sie gut genug kennengelernt hatten.

– *Langeweile* wurde schließlich auch als Motiv angegeben. Sie waren unfähig, mit sich selbst etwas anzufangen oder irgendeine Bindung herzustellen. Als sie dann in den Rauschmittelkonsumentenkreis traten, wurde diese Bindungslosigkeit vorübergehend dadurch beseitigt, daß eine gewisse zwischenmenschliche Beziehung entstand.

– *Wunsch, Liebe zu fühlen*. Eine Konsumentin berichtete, daß der Liebesentzug ihrer Familie sie zum Drogenkonsum verleitet habe. Allein im Trip fühle sie sich frei von Komplexen und glaube, jeder würde sie lieben.

Zweifellos ist das sogenannte emanzipatorische Motiv einer der wichtigsten Beweggründe zum Rauschmittelkonsum. Der Jugendliche – und zumeist handelt es sich ja hier um junge Menschen – verspricht sich vom Gebrauch der Drogen Vertiefung oder Erweiterung seiner Erlebniswelt und Hilfe zur Lösung eigener oder allgemein menschlicher Fragen. Aber auch Neugierde spielt eine Rolle und der Wunsch, Anerkennung in der Gruppe zu finden.

Die Persönlichkeit des Süchtigen

Wie sieht nun die Persönlichkeit des Süchtigen aus oder wer ist besonders gefährdet?

Es lassen sich keine eindeutigen Merkmale aufzählen. Niemand kann für sich garantieren, daß er dem Versuch nicht erliegt, zur Droge zu greifen. Und doch wird der eine leichter widerstehen als der andere.

Da sind nun in erster Linie die bindungsschwachen oder bindungslosen jungen Menschen zu nennen, die in einer weitgehend entpersönlichten, leistungsorientierten Gesellschaft keinen Halt haben. Wir finden diese Jugendlichen nicht nur in sozial auffälligen Familien, sondern auch in Familien, wo der Jugendliche von Haus aus nicht erprobt wurde, d. h. jegliche Verantwortung wurde ihm abgenommen, so daß er verwöhnt oder auch überbehütet ist. Er hat es einfach nicht gelernt, für sein Leben selbst verantwortungsbewußt zu entscheiden, denn jegliche Entscheidung wurde ihm ja abgenommen. Er wurde niemals gefordert und hatte kaum Gelegenheit, Schwierigkeiten zu bewältigen. Selbst das Denken wurde ihm abgenommen. Niemand forderte von ihm Selbstüberwindung. Jede Lust mußte sofort gestillt werden. Wenn dann noch häusliche Spannungen und Zerwürfnisse der Eltern hinzu kommen, so findet sich der junge Mensch nicht mehr zurecht.

Andererseits ist bemerkenswert, daß Jugendliche, die in einem festen Engagement stehen, ein hervorstechendes Interessengebiet haben und viel freie Zeit ihrem Hobby widmen, weniger gefährdet sind.

Gibt es eine Lösung?

Immer wieder werden wir gefragt: Gibt es einen Weg aus dieser Sucht heraus?

Die Statistik ist sehr entmutigend; aber auch hier liegt es an dem einzelnen, wie stark sein Wunsch ist, aus der Umklammerung seiner Sucht herauszukommen.

Solange der Gebundene kein Ziel hat, das ihm erstrebenswert erscheint, werden wir kaum die Möglichkeit haben, ihn herauszureißen. Aber andererseits: wenn der junge Mensch *einen Sinn für sein Leben vermittelt bekommt,* dann werden in ihm Kräfte erwachsen, das Unmögliche möglich zu machen. Und dann muß der Reifungsprozeß ansetzen durch *Verzicht üben* und *Überwinden von Schwierigkeiten. Gesunde Kontakte müssen aufgebaut,* und er selbst muß *einer Aufgabe zugeführt werden, für die ein Einsatz sich lohnt.*

Wenn er versucht, aus eigener Kraft gegen seine Sucht anzugehen, so ist er hoffnungslos überfordert. Das Ankämpfen steigert nur die Sucht – ähnlich wie beim Zwang und der Angst.

Ich persönlich kann mir nicht vorstellen, daß es für einen Süchtigen eine echte Befreiung ohne den Glauben geben kann.

2. Auf der Suche nach dem Sinn

Wozu lebe ich?

Obwohl die Menschheit sich ihrer Aufgeklärtheit in jeder Hinsicht rühmt, ist doch die Urfrage unbeantwortet geblieben: die Frage nach dem Sinn des Lebens. Und dieses innerste Fragen verleitet dazu, nach allen Richtungen hin vorzustoßen und vor keinem Extrem zurückzuschrecken. So verzeichnen beispielsweise buddhistische Orden und fernöstliche Meditationspraktiken in Westdeutschland Erfolge wie nie zuvor.

Der eine versucht, mit ganzem Einsatz der Frage nach dem Sinn seines Lebens auf die Spur zu kommen; ein anderer resigniert. Viele junge Menschen sagen sich vom Wohlstandsdenken los und versuchen gemeinsam, ihr Leben mit Sinn zu füllen. Und mancher Ältere dämmert tatenlos und resigniert vor sich hin, weil er keinen Sinn in seinem Leben sieht. Er weiß nicht, womit er die Tage, die ihm noch verbleiben, füllen soll.

Solange der Mensch ein Ziel hat, zu dem hin er unterwegs ist, gleicht dieses Streben einer geheimen Kraftzufuhr. Aber wenn dieses Ziel erreicht ist und der Mensch in einem gleichmäßigen Trott ohne Höhepunkte dahinlebt, macht sich die Unzufriedenheit breit. Da schafft er sich Nahziele, für die er kämpfen muß, sei es eine höhere Lohnauszahlung, ein verlängerter Urlaub oder was auch immer. Der Kampf wird so zum Lebensinhalt. Je nach Veranlagung werden derart vordergründige Ziele vielleicht eine Zeitlang über die innere Leere hinwegtäuschen; doch seine Urfrage werden sie nicht in befriedigender Weise beantworten.

Ich habe eine Aufgabe

Wie sehr eine Sinnerkennung einen Menschen neu beleben kann, zeigt folgendes Erlebnis:

Frau A. ist Witwe. Ihre einzige Tochter ist verheiratet und lebt im Ausland. Um der Einsamkeit zu entfliehen, zog sie mit ihrer unver-

heiratet gebliebenen Schwester in eine Wohnung. Im Laufe der Jahre
entwickelte sich daraus eine Haß-Liebe-Beziehung. Es kam zu täglichen Auseinandersetzungen und Schwierigkeiten. Frau A. fühlte
sich von ihrer Schwester eingeengt und gefordert. Sie suchte zwar
deren Gesellschaft und ließ sich bei häufigem Kranksein ihre Pflege
gerne gefallen. Doch sobald es ihr gesundheitlich wieder besser ging,
empfand sie ihre jüngere Schwester als Last. Schließlich hatte sie nur
noch den einen Wunsch, sich dieser Last zu entledigen.

Oft saß sie resigniert vor mir und sagte:

»Mein Leben ist so sinnlos. Und diese täglichen Auseinandersetzungen machen mich ganz mürbe. Ich bin wie gelähmt und kann
mich zu nichts mehr aufraffen. Ich bin so verzweifelt. Dann versuche
ich zu beten, daß Gott dieses Kreuz von mir nimmt, aber es ändert
sich nichts. Ich fange an, meine Schwester zu hassen. Ich kann ihre
Stimme nicht mehr hören, und alles an ihr, selbst ihre Bewegungen,
regen mich wahnsinnig auf. Am liebsten möchte ich ihr jedesmal ins
Gesicht schlagen.« Sooft ich aber von einer Trennung sprach, wurde
mein Vorschlag nicht akzeptiert. Diesmal gab ich zu bedenken:

»Sie sind nun schon lange eine Aufgabe für Ihre Schwester. Sie opfert sich für Sie auf und will ihr Opfer entsprechend honoriert sehen.
Aber sind Sie je auf den Gedanken gekommen, daß Ihre Schwester
auch für Sie eine Aufgabe sein könnte? Sie klagen darüber, daß Ihr
Leben so sinnlos sei und befinden sich ständig auf der Flucht, um dem
Unangenehmen in Ihrem Leben zu entfliehen. Aber wie wäre es,
wenn Sie jetzt Ihre Schwester als Ihre Aufgabe annehmen würden?«

Was ich kaum für möglich gehalten hatte, geschah: Plötzlich sah
Frau A. ihre ganze Situation in einem neuen Licht. Anstatt sich von
der Aufgabe erdrückt zu fühlen, war es für sie wie eine Erlösung und
Bestätigung. Ihr Selbstwertgefühl war erwacht.

Wollte sie sich bis dahin mit aller Kraft von dieser Bindung befrei-
en, so wurde diese Beziehung ihr jetzt neu in die Hand gegeben. Aber
jetzt war sie nicht mehr Sklave dieser Beziehung, sondern Herr. Das,
woran sie sich jahrelang wundgerieben hatte, wogegen sie sich ge-
sträubt hatte, wovor sie geflohen war und wogegen sie verzweifelt
gekämpft hatte – plötzlich war es wie ein Erwachen: Mit einem Male
hatte sie das Bewußtsein, gebraucht zu werden. Als hätte Gott sie
plötzlich aus der Menge mit Namen gerufen, um ihr eine Aufgabe
anzuvertrauen.

Jetzt ging es nicht mehr darum, wie sie das Unangenehme in ihrem
Leben abschütteln konnte, vielmehr erhielt sie für ihre alte Situation

eine neue Einstellung. Das war wie eine Offenbarung. Hätte ich sie vor einem Jahr darauf hingewiesen, so hätten meine Worte vermutlich gar nichts bewirkt. Aber jetzt war die Zeit reif und sie selbst bereit.

Erfahrungsgemäß können wir die Verwandlung eines Menschen nicht herbeizwingen, so sehr wir es auch wünschten. Die Stunde muß da sein, in der ein Mensch erkennt. Oft besteht unsere Aufgabe als Therapeuten darin, den richtigen Zeitpunkt zu erspüren, an dem wir einem Menschen die Wahrheit über sich selbst zumuten können.

Wir meinen so oft, wenn die Verhältnisse sich ändern, werden auch wir anders sein; aber dann kommen andere Probleme. Die Umwandlung muß zunächst im Menschen geschehen, und dann wird er als ein Veränderter der alten Situation begegnen. Die Folge davon ist dann oft, daß sich auch die Situation verändert.

Jesus spricht wiederholt davon, daß wir unser Kreuz auf uns nehmen und ihm folgen sollen (Matth. 10,38; 16,24; Luk 14,27). Dieses Wort wird oft mißverstanden. Kreuz bedeutet nicht, daß jede Freude durch ein Verbotsschild unterdrückt und jedes menschliche Glück zerbrochen werden muß. Vielmehr glaube ich, daß in dem Kreuz selbst schon Freude verborgen liegt und Sieg.

Hier ist nicht eine Vergewaltigung unseres menschlichen Lebens gefordert, sondern ein freiwilliger Verzicht. Hier geschieht Selbstverwirklichung durch Selbstaufgabe; Selbstentfaltung durch Hingabe. Es ist Leben, das aus dem Tode geboren wird. Das ist göttliches Geheimnis.

Dieser Schritt zur Hingabe oder Selbstaufgabe geschieht unsererseits aktiv. Es ist kein passives Geschehnis, das wir erdulden. Aber indem wir dieses Wagnis eingehen, werden wir auf eine neue Ebene versetzt: Wir sind nicht mehr Sklaven eines Menschen – oder Sklaven unserer Verhaltensweisen –, wir sind Kinder Gottes. In Römer 8,15 schreibt Paulus: »Ihr habt nicht den Geist der Knechtschaft empfangen, daß ihr euch wieder fürchten müßtet, sondern ihr habt den Geist der Kindschaft empfangen, durch den wir rufen: Lieber Vater!« *Ihm können wir vertrauen. Eine neue Beziehung zu Gott. Eine neue Beziehung zu Menschen. Ein neuer Geist. Ein neues Gegenüber.*

Nicht mehr ich bin Mittelpunkt all meiner Interessen, sondern ich bin Mittelpunkt der Interessen Gottes. *Gott will etwas mit meinem Leben. Er hat ein Ziel mit mir. Er will mich gebrauchen. Darin liegen Sinn und Erfüllung meines Lebens.*

V. Kapitel

Ehe der Eltern

1. Infektionsherd Familie

Wenn ein psychisch gestörter oder desorientierter Mensch zu mir kommt, dann führt das Gespräch sehr bald auf das häusliche Milieu. Wir fragen: Wer sind die Eltern und wie verhalten sie sich? Häufig ist es dann so, daß schon die Eltern – oder zumindest ein Elternteil – eine problembeladene Vergangenheit aufweisen und nun diese Störung mit in die Ehe und Familie hineingetragen haben.

Vielleicht glaubte der eine oder andere, durch eine Ehe der unglücklichen häuslichen Situation entfliehen zu können. Er sagte sich: Wenn ich erst verheiratet bin und eine eigene Familie habe, dann wird alles anders. Ja, er war davon überzeugt, daß er seine Kinder anders erziehen würde, damit sie es einmal leichter haben. Aber dann mußte er enttäuscht feststellen, daß die Problematik nur noch verwickelter geworden ist und die Ausweglosigkeit noch quälender.

Eine Ehe besteht aus zwei Individuen, die beide mit ihren Eigenarten diese Verbindung eingegangen sind. Es mag sein, daß sie sich durch ihre Heirat Hilfe für sich selbst erhofften oder auch glaubten, den Partner zu einem höheren Lebensideal umziehen zu können. Wenn aber nun einer der beiden Partner durch eine schwierige Kindheit psychisch gestört ist oder keine Möglichkeit zur Selbstentfaltung hatte, so daß er psychisch unterentwickelt geblieben ist, so wird er im allgemeinen diese seine Störung nicht einfach durch eine Ehe abstreifen können. Im Gegenteil: er wird sie an seine Kinder weitergeben, denn er hat ja – wie wir es in den vorangegangenen Kapiteln gesehen haben – kein anderes Verhaltensmuster erlernt. Eine Ehe aber ist nicht dazu gegeben, den Nachholbedarf aus einer verlorenen Kindheit zu decken, wobei der eine vom andern das verlangt, was an ihm versäumt wurde.

Häufig beobachten wir in einer Ehe gewisse infantile Züge. Der Mann, der vielleicht in seiner Jugend stets unterdrückt war und im Schatten eines überstarken Vaters stand, glaubt jetzt als Supermann seiner Familie vorstehen zu müssen. Um seine eigene Schwäche und Unsicherheit zu überspielen, gibt er sich betont stark und behält stets das letzte Wort. Er nimmt zu allem Stellung und weiß alles. Diese Ehe funktioniert, wenn die Ehefrau sich entsprechend hilfsbedürftig und abhängig gibt, auf ihre eigene Entscheidung verzichtet und sich völlig dem Mann anpaßt bis hin zur totalen Selbstaufgabe. Mit einer vorgetäuschten Schwäche und Naivität kann sie dann dem Mann das Bewußtsein geben, der starke Beschützer zu sein. Sie glänzt nicht durch eigene Werte, sondern durch die Erfolge ihres Mannes.

Das aber ist keine tragfähige Basis für eine gesunde Ehe.

Nun gibt es zwei Möglichkeiten: entweder diese Tatsache zuzugeben oder sie zu leugnen. Und leider treffen wir sehr häufig Menschen, die ihre Augen vor dem eigenen Fehlverhalten verschließen und alle Schuld von sich abschieben.

Solange ein Mensch sich nicht von seiner eigenen negativen Vergangenheit distanziert hat und an seiner persönlichen Reifung arbeitet, werden unweigerlich seine Kinder mit in seine Probleme verwickelt.

Ich stelle immer wieder fest, daß ein harmonisches und geordnetes Zuhause die erste Voraussetzung für seelische Widerstandskraft ist. Und umgekehrt, daß ein gestörtes oder gar zerrüttetes Familienleben unweigerlich seelische Störungen nach sich ziehen muß.

Der größte Teil meiner Patienten hat einen familiären Hintergrund, der ihnen weder Orientierung noch einen gesunden Halt geben konnte, wobei der Grad einer entstandenen Störung sehr unterschiedlich ist. Denn auch die Empfangsbereitschaft für solcherlei Störungen ist nicht immer gleich. So erkrankt der eine leichter als ein anderer. Wir beobachten dies etwa in einem größeren Geschwisterkreis. Einigen gelingt es, sich aus der vernichtenden Umklammerung zu befreien, den anderen nicht. Und gerade diese werden dann zum Opfer.

Es gibt hier zahllose Beispiele. Ich denke jetzt nicht nur an Kinder, die der elterlichen Fürsorge durch den Staat entzogen wurden, etwa weil die Mutter nicht fähig ist, ihr Kind zu betreuen oder der Vater chronischer Akoholiker ist und die Familie bedroht. Ich denke auch an Kinder, die wegen der wechselnden Beziehungen ihrer Eltern von einer Hand in die andere gingen und heute unter panischer Trennungsangst leiden. Und dann denke ich an Kinder, die Tag für Tag den zermürbenden häuslichen Auseinandersetzungen und unerträglichen Spannungen ausgesetzt sind und keine Möglichkeit haben, sich dagegen zu wehren.

Eine Ehe ist niemals etwas Statisches, sie ist ein Prozeß voller Dynamik und Leben und ist uns als ein Gut anvertraut, für das wir zur Rechenschaft gezogen werden.

Es geht nicht darum, gewisse Eigenarten bei dem andern herauszufinden, die der Korrektur bedürfen, sondern ihn anzunehmen, wie auch wir von Jesus Christus angenommen sind – in schenkender Liebe; d. h. lieben – ohne Gegenliebe zu erwarten; geben – ohne empfangen zu wollen.

Da die schlechte Ehe der Eltern geradezu eine Brutstätte für psychische Störungen ist, möchte ich hier etwas näher darauf eingehen.
Doch zunächst fragen wir:

2. Wie sieht eine glückliche Ehe aus?

Voraussetzung für eine glückliche Ehe ist *die innere Harmonie, die grundsätzliche Übereinstimmung zwischen den beiden Partnern.* Die ruhig tragende Gewißheit: Ich liebe meinen Partner und werde von ihm geliebt. Wir sind miteinander einverstanden und bejahen uns. Niemand versucht, den andern in eine Idealvorstellung hineinzudrängen oder eine bestimmte Leistung von ihm zu fordern, um selbst davon zu profitieren.

Jeder hat seine Rolle übernommen: der Mann als Mann und die Frau als Frau. Der Mann als Vater und die Frau als Mutter. Das klingt so selbstverständlich, und doch ist oft schon diese Rollenverteilung verschoben; da kann der Mann weder Mann noch Vater sein, und die Frau ist mit ihrer Rolle als Frau nicht einverstanden und kann dementsprechend auch nicht ihre Funktion als Mutter bejahen. In einer glücklichen Ehe ergänzen sich beide.

Mann und Frau haben ein gemeinsames Ziel. Sie wissen sich zueinander gehörig, ohne den andern in seiner Bewegungsfreiheit einzuschränken; d. h. die Bindung lähmt nicht den andern in seiner Entfaltungsmöglichkeit und Wirksamkeit. So wie ein Gelenk mit dem andern durch einen Freiraum verbunden ist, ohne den dies Gelenk nicht funktionsfähig wäre, so sind auch Mann und Frau wie durch Sehnen fest verbunden, wobei aber doch einer dem andern Raum gibt. Wo dieser Spielraum fehlt und die einzelnen Gelenke unmittelbar fest aneinander gewachsen sind, da kommt keine Bewegung zustande. Das Gelenk wird steif, schmerzt und ist nicht belastbar.

In einer glücklichen Ehe leben beide Partner in einer *selbstverständlichen Sicherheit, die auf Vertrauen basiert.* Sie wissen, daß sie sich aufeinander verlassen können, weil jeder verantwortungsbewußt lebt. Das gibt ihnen Ruhe und Gelassenheit.

Es herrscht *Offenheit und absolute Aufrichtigkeit* zwischen ihnen. Keiner verbirgt etwas vor dem andern. Sie können einander die Wahrheit sagen, ohne sich zu verletzen; weil die Liebe dahinter steht. Sie weichen einander nicht aus, sondern sind bereit, sich zu stellen, auch wenn es für sie unangenehm ist. Das erfordert reife Persönlichkeiten.

Da ist *keine Bevormundung;* auch will keiner den andern als Sprungbrett benutzen, um selbst zur Geltung zu kommen.

Eine glückliche Ehe ist *frei von Eifersucht. Das Sexuelle innerhalb der Ehe wird bejaht und bleibt Ausdruck tiefster Liebe.* Es dient niemals primär der eigenen Befriedigung, sondern behält stets das Glück des Partners im Auge. Da ist keine egoistische Forderung, die den Partner für sich beansprucht. Auch wird das Sexuelle nicht als Waffe benutzt, indem einer sich dem andern verweigert, um ihn gefügig zu machen.

In der Erziehung der Kinder haben beide Partner eine gemeinsame Linie. Vater und Mutter wissen sich in gleicher Weise für ihre Kinder verantwortlich. Es wird niemals der eine in Gegenwart der Kinder den anderen beschuldigen oder kritisieren.

Auch wird eine glückliche Ehe *nicht von einem Dritten mitbestimmt.* Wie oft liegt gerade hier eine Störung vor, da sich der Mann selbst in der Ehe nicht von seiner Mutter gelöst hat und immer noch zwischen Mutter und Frau unschlüssig hin und her gerissen wird; oder die Frau bleibt auch weiterhin an ihre Mutter gebunden und richtet sich eher nach der Meinung ihrer Mutter als nach der ihres Ehemannes.

Das biblische Prinzip aber lautet unmißverständlich: »So wird ein Mann Vater und Mutter verlassen und mit seiner Frau vereint werden . . .« (Gen. 2,24). Das ist eine Grundvoraussetzung, ohne die es keine glückliche Ehe geben kann.

Wenn ich eine Ehe eingehe, so habe ich mich für einen Partner entschieden. Jedes Vergleichen und Messen mit einem andern muß unweigerlich zu Komplikationen führen, die den Frieden einer Ehe zerstören.

3. Formen einer gestörten Ehe

Die Kampfehe

Es gibt nun die verschiedensten Formen einer gestörten Ehe. Da ist einmal die *Kampfehe*. Beide Partner brauchen jemanden, mit dem sie kämpfen können, und erst im Kampf finden sie eine gewisse Befriedigung und Bestätigung. Zumeist hatten sie schon in ihrer Kindheit immer jemanden, mit dem sie streiten konnten. So ist ihnen diese Lebensform vertraut. Erst im Streit fühlen sie sich sicher.

Ich denke an ein Ehepaar, das seit vielen Jahren solch eine Kampfehe führt, ohne dabei zu ermüden. Er war von Haus aus sehr verwöhnt. Wenn er nicht seinen Willen bekam, wurde er jähzornig, warf sich auf den Boden und zerschlug Gegenstände, bis er seinen Willen durchsetzen konnte. Auf diese Weise bekam er jedesmal, was er wollte. Bis heute ist er auf dieser Stufe stehengeblieben. Seine Frustrationstoleranz* ist sehr niedrig, so ist es selbstverständlich, daß es häufig zu Szenen kommt, in denen sich der Mann wie ein eigensinniges Kind gebärdet, um seinen Willen durchzusetzen.

Die Frau war ein ausgesprochen schwieriges Kind, das unbedingt im Mittelpunkt stehen wollte. Da es ihr nicht immer gelang, war sie auf ihre jüngere Schwester sehr eifersüchtig, die begabter war als sie. Sie als die ältere fühlte sich in ihrer Position bedroht und ging zum Angriff über. Und wenn sie hörte, wie ihre jüngere Schwester gelobt wurde, trieb es sie fast zum Wahnsinn. Der einzige Sektor, auf dem sie ihrer jüngeren Schwester überlegen sein konnte, war ihre Frömmigkeit. Hier allein konnte sie ihre Position halten und nutzte es dementsprechend aus.

Mit ihrer bestimmenden Art imponierte sie ihrem Mann. Er fühlte sich entlastet, weil von ihm keine Entscheidung gefordert wurde. Und sie wiederum fühlte sich von ihm bestätigt und in ihrer Führerrolle anerkannt. So heirateten sie.

Doch bald stellte der Mann fest, daß er nicht »ihr Kind« bleiben konnte, sondern daß von ihm auch die Rolle eines Vaters erwartet wurde.

Wenn er aber nun beobachtet, wie die Kinder ihre Mutter in Anspruch nehmen, fällt er in seine alte Rolle zurück, die ihm ja vertraut war. Das wiederum ruft die Aggression der Frau hervor, so daß sie ih-

---

* die Fähigkeit, Unzufriedenheit zu ertragen

ren Mann vor den Kindern beschimpft und erniedrigt. So kommen sie in die Sprechstunde und beklagen sich bitter über einander.

Solange beide von ihrem eigenen Recht überzeugt sind, ist keine Korrektur möglich. Anstatt daß sie beide an sich arbeiten, ziehen sie es vor, in ihrer alten Position zu verharren. Keiner will verzichten, niemand will zurückstecken.

Die Leidtragenden aber sind die Kinder, die weder im Vater noch in der Mutter ein Vorbild haben, an dem sie sich orientieren können.

Eheverschiebung

Eine andere Störung innerhalb der Ehe wäre die *Eheverschiebung*. Was ist damit gemeint? In einer Eheverschiebung nimmt die Beziehung zum Kind den ersten Platz ein, die Beziehung zum Ehepartner spielt eine untergeordnete Rolle. Die Hauptachse hat sich zugunsten des Kindes verschoben.

Eine Eheverschiebung finden wir häufig bei einer verunsicherten Mutter, die aus lauter Sorge, etwas falsch zu machen, ihre ganze Aufmerksamkeit der Kindererziehung widmet.

Ich denke an eine etwa 30jährige Frau, die wegen einer Schwangerschaft heiraten mußte. Sie fühlte sich von der Ankunft des Kindes völlig überrascht und reagierte mit panischer Angst, verbunden mit Schuldgefühlen. Ihre Angst, das Kind nicht großziehen zu können, war so stark, daß sie keine natürliche Liebe zu ihrem Kind empfand. Das wiederum verursachte neue Schuldgefühle, und auf Grund ihrer Schuldgefühle erdrückte sie das Kind in übermäßiger Fürsorge. Sie versucht alles, um die fehlende Mutterliebe durch Zuwendung zu ersetzen. Dabei ist es ihr unmöglich, dem Kind Grenzen zu setzen, aus Angst, sie könnte sich durch Verbote dem Kind gegenüber verraten.

Der Mann ist verärgert und reagiert seinerseits mit Eifersucht auf das Kind, das ihm die Ehefrau geraubt hat.

Ist es da zu verwundern, wenn ein Kind seelisch erkrankt in einer Umwelt, die es ihm nicht erlaubt, ein freies Liebesverhältnis zu Vater und Mutter zu entfalten?

Ehespaltung

Gar nicht selten führt solch eine Eheverschiebung dann weiter zu einer *Ehespaltung*, in der das Kind Ersatz für den Ehepartner wird und einer der beiden Partner mit dem Kind gemeinsam eine Front gegen den anderen bildet.

71

Der 18jährige Jürgen kam in Begleitung seiner Mutter zu mir, weil er überall versagte und schon mehrere Selbstmordversuche hinter sich hatte. Es stellte sich bald heraus, daß Jürgen das Lieblingskind seiner Mutter war, die ihn abgöttisch liebte.

Die Mutter war eine ausgesprochen geltungsbedürftige Frau, die nie mit der gesellschaftlichen Stellung ihres Mannes einverstanden war, da er als Zugschaffner ihr nicht das Ansehen vermitteln konnte, das sie sich erträumte. Da ihr Mann beruflich viel unterwegs war, schlief Jürgen noch bis zu seinem achtzehnten Lebensjahr neben seiner Mutter im Ehebett. Auch zwang sie ihn, sich gegen seinen Vater zu entscheiden.

Der Vater reagierte empört, konnte aber gegen den starken Willen seiner Frau nichts ausrichten.

Jürgen ist homosexuell geworden und erklärt, geradezu einen Ekel vor Frauen zu entwickeln.

Auch dies ist nur ein Beispiel von vielen. Aber nicht immer ist die eheliche Auseinandersetzung so kraß wie in dem soeben geschilderten Beispiel. Häufig schwelt sie mehr im Hintergrund. Dann sprechen wir von einer Ehe im *Scheinfrieden*.

Ehe im Scheinfrieden

Nach außen hin ist alles in Ordnung, aber man lebt aneinander vorbei. Mann und Frau haben sich nichts mehr zu sagen, sie dulden sich lediglich. Aber wer in solch eine Familie kommt, der spürt sehr bald, daß hier ein versteckter Kampf stattfindet. Die Spannung liegt in der Luft, ohne daß ein Wort fällt. Man fühlt sich unwohl und ist froh, wenn man das Haus wieder verlassen kann.

Ich denke an eine gut bürgerliche Familie. Er ist Amerikaner, sie Deutsche. Der Mann hat eine etwas gehobene Position in der Armee, auch der gesellschaftliche Umgang ist dementsprechend. Der Mann ist stark dominierend, von sich überzeugt, äußerst empfindlich gegen jede Kritik.

Die Frau, eine ausgesprochen selbstunsichere Frau, ist ihrem Mann völlig untertan, innerlich aber voll Bitterkeit und Haß. Sie lehnt ihn total ab und macht ihm nichts als Vorwürfe. Auf Grund ihres sozialen Ansehens aber wagt sie es nicht, ihre Ablehnung zu äußern. Auch innerhalb ihrer Ehe äußert sie sich nicht und weicht jeder Konfrontation aus. Ihre einzige Möglichkeit, die Aufmerksamkeit ihres Mannes auf sich zu lenken, sieht sie in ihrem Kranksein. Aber diese versteckte Botschaft stößt nur auf Unverständnis. Ihr Mann ahnt zwar hinter diesem Kranksein eine tiefgreifende Problematik, aber er geht nicht darauf ein. Um sich selbst zu entlasten, schickt er sie von Zeit zu Zeit zu den verschiedensten Fachleuten, die sich mit ihren Krankheiten befassen sollen.

So leben beide ständig in enttäuschter Erwartung mit unterdrückten Anschuldigungen, die nie verbal zum Ausdruck kommen.

Anstatt mit Humor die Spannung zu brechen, reagieren beide gekränkt.

Die Tochter ist mit 16 Jahren in eine Ehe geflüchtet, die jedoch bald darauf schon wieder geschieden wurde.

Ehe in der Auflösung

Eine Ehe in der *Auflösung* ist ein Zustand, in dem die Ehe zwar rechtlich noch besteht, jedoch ihren eigentlichen Sinn völlig verfehlt.

»Wenn du meinen Sohn heiratest, wirst du es nicht leicht haben«, dieser Satz ihrer Schwiegermutter hat die junge Frau vom Anfang an ihrer Ehe belastet und wie eine orakelhafte Stigmatisierung geprägt.

Ihr Mann ist ein etwas gehemmter Mensch, der nur wenig spricht, sich aber gewissenhaft für seine Firma einsetzt und es dort zu einer verantwortungsvollen Position gebracht hat. Einer häuslichen Auseinandersetzung weicht er aus.

Die Frau beklagt sich, daß ein echter Austausch mit ihrem Mann undenkbar sei. Anstatt aber offen mit ihm zu sprechen, versucht sie, ihm auf Umwegen seine Verantwortung vorzuhalten, indem sie die Kinder als Aufhänger benutzt: »Der Lehrer hat gesagt, unser Kind sei verhaltensgestört.« Der Mann fühlt sich zu Recht angeklagt und zieht sich noch mehr zurück, indem er seine ganze Kraft für die Firma einsetzt. Das verbittert die Frau. Aber anstatt jetzt offen ihren Mann zu stellen, läßt sie es ihn spüren, daß er als Mann und Vater ein Versager ist. Und schließlich benutzt sie die Sexualität als Waffe, um ihn zu bestrafen. »Wenn du mir nicht gibst, was ich fordere, bekommst du von mir auch nicht, was du willst.« In dieser Rache fühlt sie eine gewisse Genugtuung, stellt dann aber gekränkt fest, daß er sie als Frau nicht mehr sucht. Anstatt nun endlich die Probleme offen miteinander durchzusprechen, legt sie ihm Bücher über Kindererziehung auf den Nachttisch. Er spürt die Vorwürfe und heimlichen Anklagen und rührt diese Bücher nicht an. Er fürchtet sich, seiner Frau ausgeliefert zu werden.

Als sie ihn dann dabei überrascht, wie er vor dem Foto einer nackten Frau onaniert, bricht für sie eine Welt zusammen. Sie fängt an, sich vor ihrem Mann zu ekeln, und verachtet ihn, zumal er in Gegenwart anderer fromm redet, als sei bei ihnen zu Hause alles in bester Harmonie.

Hat sie bis dahin die Verhaltensstörung ihres Kindes mit einer gewissen Schadenfreude ihrem Mann zugeschoben, so muß sie jetzt feststellen, daß sich ihr Kind auch von ihr distanziert und sie gefühlsmäßig ablehnt. Anstatt nun neu anzufangen, verharrt sie in ihrem Trotz und bleibt beleidigt und innerlich verletzt.

Die zerstörte Ehe

Als letztes Beispiel möchte ich hier noch das Bild einer *zerstörten* Ehe aufzeichnen.

Die Frau überfiel mich mit einem Wortschwall. Unterstrichen durch erregte Gesten berichtete sie mir von dem völligen Versagen ihres Mannes, der in ihren Augen ein Waschlappen und jämmerlicher Versager sei. Als ich dann dieses Ehepaar näher kennenlernte, merkte ich sehr bald, daß sie dominierend ist und ihren Mann wie ein unmündiges Kind hin und her kommandiert. Bis ins kleinste schreibt sie ihm vor, was er zu tun hat. Sie weiß grundsätzlich alles besser, ist intelligenter als er, obendrein hat sie eine bessere Ausbildung als er, was sie ihn oft genug spüren läßt. Ihr Mann aber hat eine verantwortliche Position in seinem Betrieb, doch seine Leistung zählt nicht in ihren Augen. Seine Frau regiert die ganze Familie. Sooft der Mann versuchte, seine Stellung als Mann und Vater innerhalb der Familie zu beziehen, wurde er vor den Kindern lächerlich gemacht und als ein Tölpel hingestellt, dem doch nicht zu helfen ist.

Als der Mann seine aussichtslose Lage erkannte, fing er an zu trinken und verschwand oft wochenlang, um sich mit anderen Frauen zu trösten. Wenn er dann wieder nach Hause zurückkam, wurde ein großes Theater inszeniert, wobei die Frau sich meisterhaft in die Rolle der Märtyrerin hineinsteigerte und von einem Seelsorger zum andern lief, um Mitleid und Bedauern einzukassieren.

Schließlich wurde die Ehe geschieden. Als dann ein neuer Mann auf dem Spielfeld auftauchte, wiederholte sich das ganze Drama.

Die Kinder, die ja von klein auf in die Auseinandersetzungen der Eltern hineingezogen waren und ständig in einer spannungsgeladenen Atmosphäre leben mußten, wirken eingeschüchtert und verstört, dementsprechend sind auch die schulischen Leistungen schlecht.

4. Wer trägt die Schuld?

Kürzlich kam eine junge Frau zu mir und stellte sich mit folgender Bemerkung vor: »Ich habe die ödipale Phase nicht durchlaufen, darum bin ich gestört.«

Sie hatte bereits einige Jahre analytischer Behandlung hinter sich und war mit all den psychologischen Begriffen vertraut und hatte gelernt, ihren Zustand entsprechend einzuordnen.

Die Ehe ihrer Eltern war geschieden worden, als sie noch ein kleines Kind war. Man hatte ihr klar gemacht, daß ein elterliches Versagen schwerwiegende Folgen nach sich ziehen würde. Diesem Glauben war sie total ausgeliefert. Es gab für sie keinen Ausweg.

Aber wenn wir nun verkündigen, daß Jesus von den Toten auferstanden ist, so ist das ein Durchbrechen dieser starren Gesetzmäßigkeit unserer Erfahrung. Aus der größten Niederlage hat er den größten Sieg gemacht. Und hier liegt der Grund unserer Hoffnung.

Es wäre zu billig, die Schuld an der eigenen Misere den andern zuzuschieben.

Es mag sein, daß ein junger Mensch in eine Umgebung hineingestellt wurde, die ihn negativ geprägt hat. Doch jetzt steht er vor der Forderung, aus dieser seiner Situation etwas Positives zu gestalten. Ein schöpferischer Akt wird von ihm gefordert. Ihm sind Fähigkeiten gegeben, diese alte Situation neu zu gestalten. Und in dieser Möglichkeit liegt Freude. Das Bewußtsein, Verantwortung zu übernehmen, macht frei.

Wie oft kommen Menschen zu mir und breiten alle ihre Störungen vor mir aus. Dann sitzen sie vor mir in der Erwartung: »So, jetzt verändern Sie meine Situation.« Aber ich kann all die Schwierigkeiten, die sie etwa mit ihrem Partner haben, nicht aus der Welt schaffen. Ich kann allenfalls dazu beitragen, daß sich ihre Persönlichkeit verändert, indem ich – wie Paulus – mich als Botschafter verstehe, der an Christi statt den Menschen auffordert: »Laßt euch versöhnen mit Gott!« (2. Kor. 5,20) Aber dazu müssen sie bereit sein. Ohne ihre Bereitschaft und intensive Mitarbeit kann ich nichts ausrichten. Solange ein Mensch noch immer die Schuld an seinem Unglück bei anderen sucht, wird er sich nicht ändern können. So muß ein Mensch zunächst dahin gebracht werden, daß er sich als Sünder vor Gott sieht. Daß er seine Störungen nicht als Krankheit kultiviert. Er ist eine Antwort schuldig, auf die Frage, die an sein Leben gestellt ist.

Wenn wir auf dem Boden der Bibel bleiben, besteht Hoffnung. *Denn wo Sünde ist, gibt es Vergebung. Und wo Vergebung ist, gibt es einen Neuanfang. Nicht ich muß sühnen für alle Schuld – ein anderer hat bereits am Kreuz gesühnt. Da ist die Lösung.*

5. Wie werde ich erwachsen?

Das Reifwerden oder Erwachsenwerden geschieht nicht von heut auf morgen. Es ist immer ein Prozeß. Das Erwachsensein fällt keinem als reife Frucht in den Schoß. Nur zu viele sind der Meinung, mit den Jahren käme dann auch die Reife ganz von selbst.

Aber das ist nicht so. Darin liegt ja gerade das Verhängnis, daß so viele Erwachsene in ihrer inneren Entwicklung auf der Stufe eines Kindes steckengeblieben sind.

Reife erfordert Arbeit an sich selbst. Das schließt Mut zur Kritik an sich selbst ein. Bereitschaft zur Korrektur.

Niemand kann von sich behaupten, bereits die letzte Stufe der Reife erlangt zu haben. Wir müssen uns immer neu infrage stellen und die Schwierigkeiten nutzen, um an uns zu arbeiten, sei es, daß wir von unserer Empfindlichkeit frei werden, oder von dem hohen Roß unserer Selbstgerechtigkeit herabsteigen.

Versagen der Eltern ist kein Freispruch für eigenes Fehlverhalten, sondern eine Chance, daraus zu lernen. Wir sollen ja mündig werden. Zum Mündigwerden aber gehört Mut zur Entscheidung.

In 1. Kor. 13,11 schreibt Paulus: »Als ich ein Kind war, redete ich wie ein Kind und hatte kindliche Pläne. Als ich aber ein Mann war, tat ich ab, was kindlich war.« Das war eine bewußte Entscheidung. Er verzichtete darauf, an den Vorzügen seines Kindseins festzuhalten. Er wußte, daß der Tag gekommen war, an dem Forderungen an ihn gestellt und Erwartungen in ihn gesetzt wurden.

6. Kommt her zu mir

Jesus sagte einmal zu denen, die mit ihrem Leben nicht fertig wurden: »Kommet her zu mir alle, die ihr mühselig und beladen seid, ich will euch erquicken. Nehmt auf euch mein Joch und lernet von mir . . . so werdet ihr Ruhe finden für eure Seelen; denn mein Joch ist sanft und meine Last ist leicht« (Matt 11,28).

Er lud damit alle ein, die mit Problemen behaftet waren, ganz gleich, welcher Art. Ob sie an ihrer Vergangenheit sich wundrieben, an ihrem Ehepartner schuldig geworden waren, ob sie an sich selbst und ihren Fähigkeiten zweifelten und jetzt in eine Sackgasse geraten waren: Er sah sie unter ihrer Last seufzen und sah, daß ihr ganzes Leben blockiert war. Und dann fordert er sie zur aktiven Mitarbeit auf. Es heißt, daß sie sein Joch aufnehmen und von ihm lernen sollen.

Wenn wir lernen, so ist das ein Prozeß, der nicht von heute auf morgen abgeschlossen ist.

Und wenn wir bedenken, daß wir vielleicht zwanzig, dreißig, ja fünfzig Jahre gebraucht haben, um einen falschen Mechanismus zu erlernen, so können wir verstehen, daß es Zeit fordert, umzulernen, unsere Seele gleichsam umzuprogrammieren.

Es mag sein, daß wir uns zunächst immer wieder falsch verhalten; denn wir haben ja im Laufe der langen Jahre solch ein falsches Verhaltensmuster erlernt. Doch das sollte uns nicht entmutigen, ein neues Verhaltensmuster zu erlernen, d. h. wir müssen das alte, gewohnte Muster immer wieder bewußt ablegen.

Und selbst dann, wenn wir darüber alt geworden sind, ist es nicht hoffnungslos; *denn wir sind unter seinem Joch. Und sein Joch ist leichter und schonender als das, was uns bisher aufgezwungen war oder was wir uns selbst aufgebürdet hatten.*

Schlußbemerkung

Immer wieder stelle ich fest, daß ungezählte Menschen – Christen und Nichtchristen – auf die Psychologie ausgerichtet sind, als könnte ihnen von dort Hilfe und Heilung kommen. Ja, selbst diejenigen, die sich gerufen wissen, das Evangelium von Jesus Christus zu verkündigen, glauben, ohne die Psychologie nichts ausrichten zu können.

Anstatt von Schuld – reden sie von Komplexen.

An Stelle der Vergebung – von Aufarbeitung.

Aber die Psychotherapie bringt uns kein Heil.

Die Bibel sagt: »Ist jemand in Christus, so ist er eine neue Kreatur; das alte ist vergangen, siehe, es ist alles neu geworden.« (2. Kor. 5,17)

Gott, der das Nicht-Seiende rief, daß es sei, hat bis heute nichts von seiner Kraft eingebüßt. Und derselbe Geist, der z. Zt. des Hesekiel die Totengebeine zu neuem Leben erweckte (Hes. 37), kann auch heute aus einer hoffnungslos verfahrenen Lebensgeschichte etwas völlig Neues schaffen.

Unsere Erfahrungen und auch unsere Veranlagungen sind uns gleichsam als Rohmaterial anvertraut, aus dem wir jetzt unser Leben gestalten sollen. Entscheidend dabei ist, was wir aus all dem Erlebten machen. Ob wir es als schicksalhaft hinnehmen und darin verharren und aus der Anklage nicht herauskommen, oder ob wir es dem anvertrauen, der uns erschaffen hat.

Gott hat uns das Angebot gemacht, das Zerbrochene zu heilen. Die Frage ist an uns gerichtet, ob wir ihm unsere Scherben hingeben, oder ob wir selbst versuchen zu flicken, um dann festzustellen, daß es doch nicht brauchbar ist.

Hier allein sehe ich die Möglichkeit einer Befreiung und neuen Lebensgestaltung: wenn wir *Jesus Christus unser Leben anvertrauen und mit ihm neu beginnen.*

Eine bessere Lösung kenne ich nicht, und eine andere Hilfe weiß ich nicht.